出雲はなぜ「割子そば」か？

その謎に迫る

川上正夫

表紙（表）写真　中国山地蕎麦工房「ふなつ」店内

表紙（裏）写真　出雲・献上そば　羽根屋のそば椀

扉写真　仁多郡奥出雲町　横田のソバ畑

写真撮影　板垣　宏

②割子そば。三段重ねの割子に薬味を載せ、そば汁をかけて食べる

本文７頁

③釜揚げそば。茹でた麺とそば湯をそのまま丼に入れ、そして薬味とそば汁をかけ、そば湯と麺を一緒に味わう出雲ならではの健康食

本文８頁

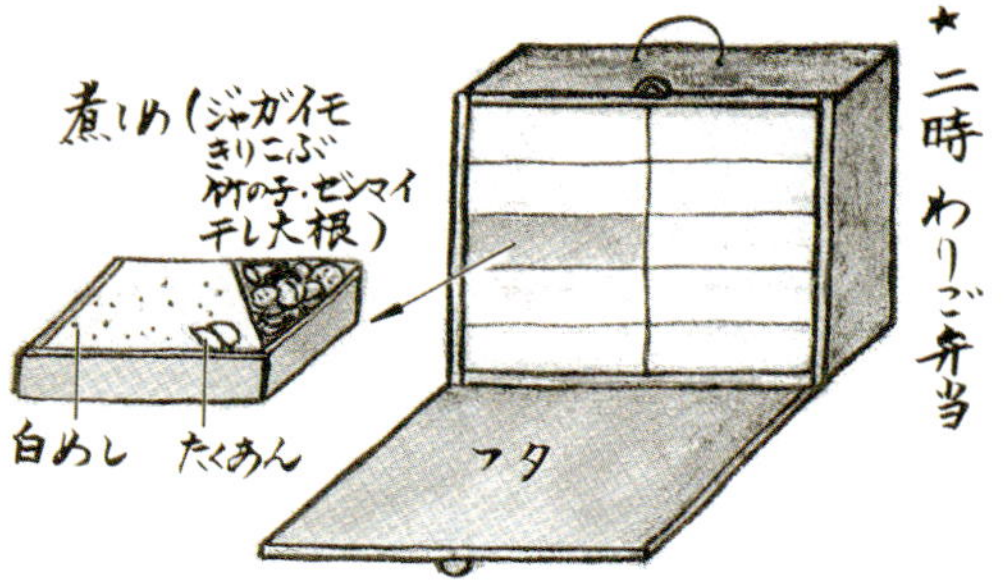

④山口県鹿野町の破子弁当。破子は、15㎝角・深さ３センチ・朱塗りの木箱、５段重ねの２列で、10個が箱に納められていた。向谷喜久江『よばいのあったころ―証言・周防の性風俗―』１１１頁より転載。今は絶えてしまっているようだ

本文 13 頁、16 頁

⑤香川県小豆島の割子弁当道具。５月３日、土庄町・肥土山歌舞伎を鑑賞する時に、この割子に御飯とおかずを詰めて持参する
（土庄町教育委員会で川上正夫撮影）

本文 14 頁、18 頁

⑥出雲の辛味大根。自生していたハマダイコンを選抜育種して生み出した「出雲おろち大根」。ヒゲ根が多い
本文 66 頁

⑦仁多郡奥出雲町横田の水車小屋。木造のヤマタノオロチ像の口から水をかけて水車を回す。
本文 71 頁

⑧出雲流手打ちそばの技法、水まわし。そば粉と水がまんべんなく馴染むよう、深鉢の底まで手を差し込む。元献上そば羽根屋松江店店主・故石原昇氏の手

本文 9 頁、125 頁

⑨出雲流手打ちそばの技法、丸延し。江戸流とは違い、四角形にはせず丸いまま折りたたむ。

本文 9 頁、125 頁

⑩出雲流手打ちそばの技法、庖丁で切る。江戸流との違いは、こま板を使わないこと、片方の手を庖丁に添わせて切り進むこと（手ごま）、である。故石原昇氏は左利きであった

本文 9 頁、125 頁

⑪出雲・献上そば羽根屋本店の外観 本文 171 頁

⑫出雲・献上そば羽根屋本店の中庭
本文 171 頁

⑬境港・平田屋そば店の外観。堂々たる店構え。歴史を感じさせる老舗

本文 175 頁

⑭境港・平田屋そば店の「ざるそば」。絶品のそばは、この他には「やまかけば」と「釜揚げそば」があるだけ

本文 175 頁

⑮三瓶・千蓼庵の外観。見過ごしてしまいそうな小さな店。初めて訪れる時は、道をよく調べて行くとよい

本文 179 頁

⑯三瓶・千蓼庵の店内。店主の気配りが行き届いている。
客席数は１８席

本文 179 頁

⑰桜井家（仁多郡奥出雲町上阿井）の破籠。天保６年の調製。出雲地方最古の什物。
５段２列で箱に納められている

本文 160 頁、186 頁

⑱桜井家の破籠。天保１２年調製。５段５列で箱に納められている

本文 160 頁、186 頁

⑲桜井家の破籠。調製年月は不明だが、天保１２年より後に作られたと考えられる。１０段３列で箱に納められている

本文 161 頁、186 頁

⑳桜井家に伝わる不昧公好みの蕎麦懐石膳。椀は輪島塗。桜井家も松江藩の本陣宿を勤めた

本文 161 頁

㉑献上そば羽根屋の割子、明治初期の器。長方形、黒塗り
本文 173 頁、188 頁

㉒献上そば羽根屋の割子、明治中期の器。長方形、朱塗り
本文 173 頁、188 頁

㉓献上そば羽根屋の割子、木製八雲塗丸型。朱塗り。明治末年以後製造の器

本文 173 頁、188 頁

㉔献上そば羽根屋の割子、現在使用中の器。朱色

本文 173 頁、188 頁

㉕献上そば羽根屋に伝わる、皇室献上用のそば椀と汁入れ
本文 173 頁

㉖献上そば羽根屋の割子そば。通常 3 段に盛り付けて一人前とする
本文 7 頁

目次　出雲はなぜ「割子そば」か？　その謎に迫る

はじめに

出雲はというと、東は鳥取県米子市、西は島根県大田市、南は中国山脈を境として広島県と接する間の地域を指して言う。観光地としては、全国的に有名な出雲大社や国宝・松江城が代表される。地形面のことを言えば、日本海に面する島根半島の東端に美保関、西端に日御碕があり、内には宍道湖と中海を抱えている。日本海の沖には、隠岐諸島がある。

出雲の代表的な食べ物と言えば、「出雲そば」である。出雲そばと言えば私たち出雲人は「割子そば」を第一に挙げる。この「割子そば」についてその淵源と変遷を考えてみるのが本書の狙いである。

出雲で蕎麦を食べるようになったのはいつごろからか、そのそばはどのようなものであったのか、そしてどのような食べ方をしたのか、という疑問が湧く。が、これらを明らかにすることは容易なことではない。

平成二七年一〇月に、出雲地方におけるそば切りの初見の古文書が発見され、寛文六年（一六六六）にそば切りの振る舞いが行われたことが分かった。松平直政公が信濃松本藩から出雲国に転封した寛永一五年（一六三八）から数えて二十八年後のことである。出雲蕎麦史の上に於いて第一級の史料の発見によって、この頃に出雲でもそば切りが伝わっていたことが分かるが、その後どのように出雲地方に広がっていったのかが問題である。

出雲そばを世間に広めることに影響力を持ったのは、蕎麦好きであった松平不昧公（一七五一—一八一八）であったように思われる。しかし、不昧公の時代に割子という容器でそばを食べていたのかどうか、この点も解明していかねばならない課題である。

出雲鉄師《てつし》御三家のひとつ桜井家には寛政二年（一七九〇）の割子の器が伝わっており、二十枚入りで薄いお膳が五枚揃えられていた、と藤間亨氏は言っておられる（『おいしい出雲そばの本』二〇〇〇年七月、ワン・ライン、四四頁上段）。また、荒木英之氏は『松平不昧と茶の湯』（二〇〇二年三月、不昧公生誕二百五十周年記念出版実行委員会）の中で、桜井家で紅葉狩りを楽しんだ際に不昧公は大好物の出雲そばの破子（わりご）を携帯していた、と書いておられる（四〇九・四一〇頁）。

不昧公が亡くなって後、不昧公の孫の世代になる松平家第九代松平斉貴公の時代に、文政九年（一八二六）から嘉永七年（安政元年、一八五四）にかけて、松江城下の新屋太助《あたらしやたすけ》という町人が『大保恵日記』（おぼえにっき）と題して日記をつけていて、松江市の竪町にある信楽寺に保存されている。新屋太助は、きめ細かに日常生活のことを書き止めているが、この日記の中から「蕎麦」という文字のある個所をすべて、平成二四年（二〇一二）一月、当時松江歴史館学芸員であった松原祥子さんに抜き出していただいた。調べていただくと、二十八個所あった。家で、蕎麦屋で、知人宅で、宴会で、勤め先で、などなど実によくそばを食べている。ところが、「破籠《わりご》」あるいは「破子《わりご》（割子《わりご》）」という文字が全く出てこない。そして、食べたそばの数え方は「十膳」「四膳」という表記である。松江藩の御用商人「新屋」の番頭にまでなった太助は能筆な人であった。この人がそばを好みよく食べていたにもかかわらず、「割子そば」と書いていないとはどういうことなのか。現在の私たちは、食べる割子の数を「何枚」と数える（あるいは何段）が、「何膳」とは数えない。「膳」とは何を指しているのか。太助が仮に割子そばを食べたとして、「何膳」と数えたかどうか。私は「膳」の意味するものは何か、割子そばはいつごろから普及しだしたのか、疑問を持つようになった。

割子という容器が、それまでの長方形の形からまん丸の形になるのは明治末年頃である。仮に、太助の時代に長方形の割子の器が普及していたとして、それを「何膳」と数えたであろうかという疑問が湧いてくる。「何膳」と数えるのは、そばを盛る器としては、お椀ではなかったか？つまり、当時は一般に「割子」という容器でそばを食べる習慣が普及していなかったのではないか？と思われてくる。

この疑問から、「割子そば」が出雲で一般的に普及しだしたのはいつごろなのか、調べる必要を感じたのである。江戸時代の松江城下では蕎麦はどのように広まり、さらに明治に入ってどう発展したのか、そして大正・昭和とどのように受け継がれてきたのか、割子そばに照準を当てながら出雲そばの淵源をたどってみたいと思う。同時に、私たちが愛する出雲の割子そば、破子

（割子）という器で食べる食文化、それを続けてきた出雲人の心根をえぐり出してみたいのである。

第一章　出雲そばと「わりご」

出雲そばとは

出雲と言えば出雲そば、代名詞みたいになっている、なぜか。出雲そばとはいったい何なのか。県外から出雲においでになる方に「何が食べたいですか」と尋ねると、決まって「出雲そばが食べたい」と言われる。どうして出雲そばなのか、この疑問が私にとってそばと関わる発端であった。その結果が『おいしい出雲そばの本』（二〇〇〇・七・二〇）の発行となった。この本がきっかけとなって、平成一四年（二〇〇二）一一月開催「第一回神在月出雲全国そばまつり」の準備会に駆り出されることになり、以来このイベント運営の手伝いをしてきた。現在は運営から手を引いている。そして、私はソバの栽培をし、そば打ちもした。さらに、そば屋を始めようともした（がしかし、悩んだ末に無理だと思い、実現はしなかった）。おかげで、どこかに出かけるとそばを食べるのを楽しみとしている。

この間二十年余り蕎麦に取り組んで来て、過去を振り返り、私が蕎麦に一番心惹かれることは何かと自問してみるに、白一面に咲く花である。ことに、月夜の晩に見るソバの花の美しいことは狂おしいばかりで、月明かりに白々と咲く花の美しさ、見た経験のある方は理解されるであろう。中国唐代の詩人・白楽天は、雪の白さに例えている。

「村夜」と題された白楽天の詩、

霜草蒼蒼蟲切切
村南村北行人絶
独出門前望野田
月明蕎麦花如雪

秋深く虫すだく
村の道には人影もない
独り門前に出て山野を望めば
月明らかにして蕎麦の花雪の如し

全くこのとおりであり、情景が理解できる。

さて、出雲そばの特徴として挙げるのは、色の黒いことである。挽きぐるみといって、外の黒い皮ごと挽くことである。江戸流などは、外皮を取り除いて甘皮と中身だけを挽いているが（さらに甘皮をも取り除いて）、出雲は、殻ごと挽く田舎そばの伝統を守っている。出雲人は、よく言う、「そばは黒くなけねば、黒くなけねばそばではない。うどんみたいな白いのはダメだ」と。

黒いそばに対する憧憬は何に起因するであろうか。その素朴な味に出雲人の嗜好が定着しているからだろうか。そばの野趣的な味に惹かれるのは、出雲人の心に秘められた古里の味への切なる回帰本能に端を発しているのかもしれない。

次に言えることは、そばを食べる様式である。「割子」（わりご）という器にそばを盛って、薬味とそば汁をその上に掛けて食べる食べ方である（ただし、そば汁は少しずつかけてみて、味を調整する。じゃぶじゃぶかけないこと）。割子という容器は、現在、丸い朱色の容器で、そば屋での一人前は一般に三段（三枚）重ねである。割子は一枚ずつ追加することが出来る。**写真②㉖**そば好きで大食いする人は、この器を高く積み上げてみて、その高さと量を誇るであろう。江戸時代から明治末年までは、割子の形は長方形であった。割子という容器に盛られたそばに、薬味とそば汁をその上に掛けて食べる。食べ終わった割子は元のように積み重ねておく。ここに出雲そばの特徴があり、しつらいと様式の美がある。これを、おそらく江戸時代末期から、出雲人の気質と相俟って今日まで、家庭でもそば屋でも続けているわけである。割子という容器でそばを食べる習慣を守っているのは出雲だけであろう。

割子という容器でご飯を食べる所は、私の知る範囲内で二か所あり、かつて山口県鹿野町に「破子（わりご）弁当」といって存在したが、今はない。鹿野町の「破子弁当」については別項で記す。現在も、割子弁当を続けている所がある。香川県の小豆島、小豆《しょうず》郡土庄《とのしょう》町肥土山《ひとやま》で行われる田舎歌舞伎を鑑賞する際に、「割子（わりご）弁当」を家庭から持ち寄って食べるのだという。このことは別項で詳しく述べる。

江戸流では、そば猪口につゆを入れておいて、そこへそばをつけて食べる。そうすると、どうしてもつゆがだんだん薄くなる。それに対して、出雲はそばの上にそば汁を掛けて食べる。これはなかなか合理的であり、軽敏性があり、時間的にも早い。そばがのびない内においしく食べるわけである。

さらに大事なことは、そばをよく噛んで食べることである。松平不昧公は、少し辛めのつゆをつけてよく噛んで食べよ、と言った。よく噛んで食べる方がそばの味がよくわかるというわけである。出雲人は不昧公の教えを守り続けている。つゆをちょっとつけて、噛まないですすり込むのが、そばの通人だと言っていた江戸っ子との違いであろう。堅いものをよく噛めば脳の刺激になると聞く。こめかみで食べるそばが出雲そばであると言うと言い過ぎであろうか。

出雲では、薬味に、ネギ、海苔、削り節、大根おろしを使う。大根おろしの代わりに紅葉おろしを出す店も多い。紅葉おろしを使う習慣が残っているのも出雲の特徴の一つであろう。

特筆すべき出雲の伝統的な食べ方に「釜揚げそば」がある。茹でたそばをそのまま丼に入れ、同時にそば湯も一緒に入れる。そこに薬味を乗せ、好みの量のそば汁を掛けて食べる。そば湯の中にはルチンがいっぱい溶け出ているので、栄養面からは一番良い食べ方である。ことに寒い時季に食べる健康食として理にかなったものである。**写真③**かつて松江市寺町にあったそば屋「松本」の釜揚げそばは名品として名だたるものだった。濃いスープのような熱いそば湯の中に麺が盛られて、その湯気の中に薬味をのせ、さらにそば汁を注いで食べる釜揚げそばは絶品であった。出雲市に店を構える献上そば羽根屋の釜揚げそばが、かつての松本の品をかすかに彷彿させる。

「そばがき」は、以前は出雲のそば屋では見掛けなかったと記憶する。江戸流では立派なメニューの一つとして当たり前である。最近では江戸流の影響か出雲でも見かけるようになった。食習慣として、石見ではそばがきを食べていたようであるが、出雲においてはあまり普及してこなかったと思われる（ただし、大正から昭和の初め頃の島根の食生活を再現して一冊の本にまとめた農山漁村文化協会『聞き書き　島根の食事』〈一九九一・七・二五〉「奥出雲の食　Ⅱ　基本食の加工と料理　3　そば」〈一二八頁〉では、宮田家の話として、「そばがきをつくることもある」と紹介されているので、全くそばがきを食べなかったわけではない）。隠岐島では、そば粉で作ったやきもちを塩辛や甘味噌をつけて食べるようである。

そばの打ち方は、江戸流とは違い、出雲地方では伝統的に、石見焼きなどの深鉢で水まわしとまとめをして、そばを打ち台の上に乗せ、捏ねる。麺棒は一本で丸く延ばし折りたたみ（四角形にしないで丸い状態で折りたたむのが出雲の伝統的な方法）、切るときはこま板を使わず「手ごま」（手を庖丁に当てて）で切る（ワン・ライン『おいしい出雲そばの本』二九～三一頁で説明している）。**写真⑧⑨⑩**最近は、店によってではあるが、江戸流の「三本棒、四つ出し、こま板」のやり方が増えているようだ。

出雲において、いつそば切りが始まったのか、この点を解明するのは今後の課題である。平成二七年（二〇一五）一〇月二一日付の島根県の報道資料によって、約三百五十年前の寛文六年（一六六六）に、松江でそば切り振舞いがあったことが証明された。松江藩の武士が出雲大社の神官にそば切りを馳走している。この出雲におけるそば切り振舞いの古文書は、そば切に関する一番古い史料であり、出雲そばの起源、変遷などを今後解明していくうえで貴重なものである。

出雲蕎麦史の年表を作成しているうちに、不昧公好み蕎麦懐石膳の様式の蕎麦椀が見つかり、その器を買い求めた人物を特定しようと、松江歴史館学芸員西島太郎氏に問い合わせた。そのことは今明らかに出来ていないが、松平家第六代藩主松平宗衍公が、松江藩御用商人・瀧川伝右衛門に急に「蕎麦切」が食べたいと所望した文書を紹介の上解説していただいた。所望した当日には「蕎麦切」は用意できなかったようだが、「蕎麦切」振舞いが出来る態勢が当時すでに整っていたという事実を知ることが出来た。これが二番目に古い史料である。地道な作業を繰り返して行けば少しずつでも明らかに出来るであろうと考える。

出雲そばの代名詞的な「割子そば」の「わりご」という言葉について、次に考えてみることにする。

【付記】ソバの研究家であった長友大氏（一九一八―二〇〇二）の著書『ソバの科学』（一九八四・四・二五　新潮社）二六〇頁に、「出雲そばの器は地元では円形と小判形があり、現在ではもっぱら円形が使われている。これは直径一五センチぐらい、深さ三センチほどの凹みをつけた内側が朱塗り、外側が黒塗りの木皿で、蓋つきの五枚重ねが一人前となっている。この起源については、お初穂として新穀を神前に供える時、浅い升形の器を使ったことから発したといわれている」と書かれている。ここには、疑問点として、二つの事柄が浮かんでくる。一つは、割子そばは、割子が五枚で一人前とされていること、二つ目は、割子の起源を神前での供え物として、「浅い升形の器」に求めていることである。

『ソバの科学』の「あとがき」は昭和五八年（一九八三）の晩秋に書かれている。今から三十数年前の記述であり、そう古いことではない。その当時に割子そばが、出雲のそば屋で、一人前が「五枚」であったとは思われない。当時も「三枚」が一般的であったと思うが、もっと前は一人前を何枚としていたのかという疑問は残る。そして、割子という器の起源を、神前でのお供え物の「浅い升形の器」に求めていることも腑に落ちない。私は割子の起源を別のところに求める者である。

こよなくソバを愛し、深い学識をお持ちであった、尊敬する長友氏（育種学の権威であった）の名誉のためにも、何に依拠してそのように書かれたのか問いただしたいが、今はかなわないことである。

「わりご」とは

出雲そばの代表的なそば、「割子（わりご）そば」に冠されている「わりご」という言葉は何を意味しているのか、このことを考えてみよう。

「わりご」とは何か。『広辞苑』（一九八九・九・二五　第三版）には次のように書かれている。

わりご【破子・破籠・樏】ヒノキの薄い白木で折箱のように造り、内部に仕切りを設けて、かぶせぶたにした弁当箱。また、それに入れた食物。

つまり「わりご」とは、弁当箱のこと、そして中の食べものを指していると解釈できる。「わりご」という語の解釈は上記の『広辞苑』の内容以上には出ないと思う。

「破籠」の文字が出てくる例として、平安時代の二つの文学作品を挙げる。紀貫之『土佐日記』に、「けふ、破籠持たせて来たる人、その名などぞや、今思ひ出でむ」とあり（『新日本古典文学大系二四　土佐日記』一九八九・一一・二〇　岩波書店）、右大将藤原道綱の母の自叙伝的な日記『蜻蛉日記』には、「破籠などものして、」とある（『新日本古典文学大系二四　蜻蛉日記〈上〉』一九八九・一一・二〇　岩波書店）。

「わりご」の語を「わる」と「ご（こ）」の二つに分解して考えてみよう。

「わる」とはどういうことかとみると、大野晋『古典基礎語辞典』（二〇一二・五・二五五版）では、「わ・る」【割る・破る】の語釈㊁他動ラ四の③に、「分ける。いくつかに区分する」とある。「わる」とは小分けにすることと解釈できる。器の内部に仕切りを設けて、ご飯とおかずを分けることを指しているのではないかと思われてくる。「わりご」の漢字は、「破子」あるいは「破籠」を当てているのを見るが〈「樏」〈ルイ。かんじき〉を当てている場合は出雲地方では見かけない〉、現在出雲では「割子」の字を当てている。そして、割子を納めた箱のふたを開けると、縦横に整然と並んで見える器は、見た目にも小分けにされた状態であり、字義にふさわしい様でもある。

「籠」は「こ」とも読む。そして、「かご」と読めば、『古典基礎語辞典』の解説によると、「古くは竹や木の蔓などで編んだ。『和名抄』には〈籠コ　竹器也〉とある。野遊びで若菜を摘むときなどにも持って行き、摘んだ菜を中に入れる容器」と書かれている。これから考えてみると、籠を破った（わった）姿、上下に分かれた形、蓋と中身を入れる器とが分かれている外形を言ったようにも思える。また、「子」の字は、単独の文字としての字義を解釈すれば、色々と考えることが出来よう。あるいは、接尾語として考えるのか。私は明快な答えが出せない。

「わりご」の字義をどう解釈するか、どの漢字を当てればぴったりするのか。今後、資料の収集や史料の発掘に努め、解明してゆくべき課題であろう。

さて、「わりご弁当」を伝承してきた地域が国内にどれだけあるだろうか。見聞の狭い私が知っている範囲内の二つの地域について触れる。

一つ目は、今は作られてはいないようだが、かつて山口県周南市鹿野地区（旧都濃郡鹿野町）には破子（わりご）弁当があった例を挙げる（鹿野町では、「割子」ではなく「破子」の方を漢字として当てていたという）。田植時に、午前十時に小豆御飯の握り飯をタクアンと一緒に出し、午後二時に破子弁当を出したと言われる。**写真④**

> 二時には、わりご弁当を作って出しました。弁当箱は十五センチ角で、深さが三センチくらいの朱塗りの木箱で、十人分を一セットにして運ぶようになっとりました。

中身は、御飯の上に、干し大根、ジャガイモ、ニンジン、コンブなどの煮物をのせ、端にタクアンを入れたもので、今の幕の内弁当のようなもんでした。おかずがたくさん入っているわりご弁当はご馳走なので、みんなたいそう楽しみにしちょりました。

この弁当箱はどの家にもあったものではなく、借りに来る家もありました。

（向谷喜久江『よばいのあったころ』一九八六・一一・一五　マツノ書店）

二つ目は、現存する「わりご弁当」として香川県小豆島で続けられているものを挙げる。五月三日に開催される三百三十年の伝統がある肥土山《ひとやま》農村歌舞伎には、割子弁当が楽しみの一つとして作られ続けて来ている。木箱の中に約二十人分（作る箱の大きさによって割子の数は多い少ないがある）の弁当が入っている。がしかし、今は大家族が減ってきているせいか、割子弁当を持ってくる家庭は少なくなっているようだ。**写真⑤**

「わりご」とは昔からの食べ物であることが分かり、幸いなことにその伝統が今も守られ続けている。字義からして、小分けにした弁当を「わりご弁当」と称している。

この二例の「わりご弁当」を次の項でもう少し詳しく紹介する。

【付記】「わりご」の漢字に「割盒」を当てる説もあるようだ。「盒」（ごう）の字義は、①さら、はち、かさねばち、②ふたもの、ふたのある小さい容器、である（『角川漢和中辞典』一九九〇・一・二〇　二二七版　角川書店）。香盒（こうごう）とか、飯盒（はんごう）とか呼ばれる器がある。岐阜県吉城郡古川町では、檜の薄い板を曲げて、表面に漆を塗った弁当箱を「割盒」

（わりご）と言うようである。言葉の字義、歴史を考えると、出雲の場合の「わりご」の漢字は、『広辞苑』にもあるように、「破子」「破籠」あるいは「割子」を当てるのが妥当であると私は考える。「盒」は「ごう」であり、「ご」ではないと思う。岐阜県吉城郡古川町では、「ごう」の「う」が消えて、「割盒」が「わりご」と呼ばれている。話し言葉としては、自然の成り行きであろう。

山口県鹿野町の破子（わりご）弁当

向谷喜久江さんが録音テープを回し、島利栄子さんはスケッチブックを広げ、女性二人が体当たり取材して、造本したのが『よばいのあったころ―証言・周防の性風俗―』（一九八六・一一・一五　マツノ書店）である。著者・向谷喜久江さんは、昭和五九年（一九八四）から六〇年（一九八五）にかけて山口県の周防部で取材した聞き書きを整理したのである。多くの語り手の老人が「もう、時効じゃけー」と言ったという。民俗学者の神崎宣武氏が巻末に解説を書いておられる。

この中に、「往時の暮らし」という章があって、「日常の食べもの」「ハレの日の食事」「田植え時の食事」の三項目で食事の内容が書かれている。「田植え時の食事」の中で、破子弁当の内容が書いてあった。

鹿野地区の方に集まってもらい破子弁当を作って、それを挿絵にしている。鹿野地区は山口県周南市の北部、島根県との県境に接した山間に位置している（旧都濃郡鹿野町）。

五段重ねの二列で、破子は十個入る。岡持に入れて田んぼに持っていったようである。弁当の中身は、御飯、沢庵、煮しめ（ジャガイモ、きりこぶ、筍、ゼンマイ、干し大根）である。おかずがたくさん入っている破子弁当はご馳走なので、みんなたいそう楽しみにしていた。

破子は、一五センチ角、深さ三センチの木箱で、朱塗りであった。十人分を箱に入れて持ち運びするようになっていた。この道具はどの家庭にもあった物ではなく、借りに行く家もあった。

田植えは短期間にやらなくてはならないので、手っ取り早くするために、町内の人たちが共同でやっていた。昼の御飯は十時と午後二時の二回出した。午後二時に出したのが破子弁当である。十時のものは小豆御飯の握り飯であったという。**写真④**村落共同体における結の名残で、互いに力を貸し合って行う田植えで、手伝い人への御馳走振舞いが破子弁当であった。

残念なことに、現在は廃れてしまって、この食文化は消えてなくなっている。

承応三年（一六五四）に岩崎想左衛門重友という人が、錦川の支流渋川から水を引くため隧道《すいどう》を開鑿《かいさく》し、潮音洞という取水口および水路を完成させた。以来、盆地状の鹿野村も水利に恵まれた土地になったという。鹿野町の破子弁当が始まったのはこの後のことになると思われるが、破子弁当の起源はいつであろうか、つまびらかにしたいものである。

「日常の食べもの」の中で、「ふりっこ雑炊」という珍しい食べものがあったことが書かれている。大根を葉っぱごと小さく刻んで煮干し（いりこ）と一緒に鉄鍋で煮込み、そば粉を篩にかけて入れ、塩で味付けしたものである。そば粉を使い工夫した農家の食べものであったようだ。たまに食べるのはよいが、いつもだとうんざりしたものらしい。

この鹿野町については、私は別の思い出がある。漢陽寺という大刹があり（応安七年〈一三七四〉大内盛見が用堂明機禅師を招き開山した寺。大本山南禅寺別格地）、何かの本で読み、「寺方蕎麦」が伝わっていると思われたので、思い立ってお寺を尋ねご住職に蕎麦のことを質問したが、そのような事実はないと答えられた。私は同道していた妻に、「せっかく来たのに残念だった」と言いつつ、がっかりして門を出たのである。

香川県小豆島の割子（わりご）弁当

例年五月三日午後三時三十分から八時まで、香川県小豆《しょうず》郡土庄《とのしょう》町肥土山《ひとやま》の離宮八幡神社境内、「肥土山の舞台」（寄木造茅葺本瓦葺総下屋付、国指定重要有形民俗文化財）で、肥土山農村歌舞伎が奉納される。貞享三年（一六八六）に、「蛙子池」の完成を祝って仮小屋を建てて芝居をしたのが始まりだと言われている。以来、三百三十年の歴史を持つ肥土山地区の住民が演ずる農村歌舞伎である。

この晴れ舞台の日に、観客の地区住民が桟敷席に持ち込むのが割子弁当である。親戚、知人、友人を招いて幕間に振舞う御馳走の弁当である。最近は割子弁当を持ち込む家庭が少なくなっている。時勢の流れで致し方ない面があると思う。

平成二九年（二〇一七）五月二日、私は土庄町教育委員会生涯学習課を訪れ、あらかじめ用意しておいていただいた割子弁当道具一式を拝見し、観察・計測した。木製の塗りを施した箱入り道具である。製作年月日は箱書きされていなかったが、「長濱村　弁当箱　儀兵衛」と記されていた。**写真⑤**

二列六段、一段に二個の割子が並んでいるので、合計二十四個納められる。箱の上部には、ほぼ四角形（横22・5㎝×奥行25㎝×高さ7㎝）の重箱が二個入る造りになっている。割子は、四角形でもなく長方形でもない変則的な形をしている。長方形を真中で斜めに切ったような形で出来上がっているので、二個並べると丁度長めの長方形になる。割子の器の手前の横幅が約十一センチ、二辺の奥行の長さが片方は十五センチ、もう片方は九・五センチ（五・五センチ短い）、奥の横辺は斜めの十二・五センチの長さになる。したがって、十五センチの方の角は三角形のような形で尖っている。九・五センチの方は逆に角度が開き九十度より広くなる。九十度の四角形にしなかった理由は、並べる二個の割子を出し入れするのに、変則的な形の方が便利だったからだと思われる。割子の縁の高さは四センチとなっている（以上全て外径寸法）。箱のサイズ（外径）は、横巾二五・四センチ、奥行二八センチ、高さ四十六・二センチである。

この割子に、御飯・おかずを詰める。御飯はというと、おむすび、巻きずし、押しずしなど、おかずは、卵焼き、筍のしょうゆ漬け、野菜の煮物、佃煮など、彩り豊かに郷土料理を詰める。見るからに食欲をそそられる御馳走が出来上がる。割子の形状上、広い方に御飯、尖った狭い方におかずが入れられることになると思う。そして、箱の外側に二本の紐をかけて箱を持ち、桟敷へと向かうのである（止め金具に紐を通すよう工夫されている）。

肥土山の割子弁当は、前項の山口県鹿野町の破子弁当より小ぶりである。鹿野町は、農作業中の昼御飯なので、おかずより御飯が多く、お腹を満たすことに主眼が置かれたであろう。かたや肥土山は、もちろんのことアルコール付きである。同じ御馳走でもニュアンスはやや異なる。

五月三日午後、開演前早目に会場に足を運んだ私は、割子弁当を持参される方を待った。結果、数組の家庭が割子弁当を持参された。私はそれぞれ短時間の取材をした。話しを聞くと、古くから家に伝来してきた道具だけでなく、最近新しく作った道具があった。

桟敷席には三世代家族あり、ヤングファミリーありで、それぞれ車座になって割子弁当を食べながら楽しそうに団らんしておられる光景が見られた。本部席でも招待客に準備した割子弁当を振舞っておられた。数は少ないが確かに割子弁当は生きて伝承されてきていることを目の当たりにしたのである。

見せていただいた中に、一軒だけ、製作年月日が箱書きされている道具があった。次の通りである。

弘化四未年
六月吉日
求之
肥土山村

文左ヱ門

弘化四年（一八四七）は、天保の後、嘉永の前で、江戸時代の終わり頃になる。来歴の明らかな器物に出会えて私はうれしかった。徳山久夫氏が「讃岐の歌舞伎（一）」の中で、「天保以降の製作が多い」と書いておられる旨、土庄町教育委員会生涯学習課から連絡をいただいた。割子弁当の起源について記述した史料はなさそうなので、はっきりしない。この弘化四年の器物は製作年月を記載した現存するものとして貴重品と思う。

　歌舞伎の伝承はもとよりであるが、割子弁当という食文化も絶えることなく次世代につながっていくことを確信することが出来た。出来ることなら、もっと多くの家庭で作って、伝統文化を盛んにしていただきたいと願うものである。会場で何度も私の質問に親切に答えていただいた方が、私にも本部用の割子弁当を振舞ってくださった。有難いことであった。前項で記した山口県鹿野町の破子弁当は田植え時に振舞われた御馳走であり、肥土山地区では歌舞伎鑑賞時の振舞いである。場面は違うけれど、人と人とのコミュニケーションの場であることに違いはない。

　肥土山農村歌舞伎について

　肥土山地区内の六つの組内、東組・岡組・向組・場中組・下組・五十軒組（世帯数二百八十二戸、人口六百五十一人。二〇一七・四・一現在）が輪番で毎年運営している。出演、運営資金の調達など全てを当番の組内が行う。資金は、祝儀と地区住民の負担金だという。そして、観客からは一切入場料を取らない仕組みであり、驚くほかない。

肥土山農村歌舞伎保存会が組内とは別に組織されていて、会員数は七十名である。保存会は言うまでもなく歌舞伎上演のもう一方の主役である。

県道二五二号線の横を階段で下に降りると、肥土山離宮八幡神社境内に造られた「肥土山の舞台」が見える。新緑の山々を借景に、茅葺屋根、なだらかな斜面に石段を築いて作った桟敷、横には高座、衣裳蔵などが並び、自然の中に溶け込んだムード満点の場になっている。桟敷は約八百人の観客が入れるという。

私はふと思った。眼前に広がる、自然と人と物とが渾然一体をなすこの情景は、山陰の小京都と呼ばれる津和野出身の画家・安野光雅氏が描く絵の原風景ではないか、安野光雅氏の世界が今ここに現れている、と直観した。

四幕の歌舞伎は、組内の子ども、若者が演ずる。色鮮やかな衣裳（衣裳蔵には六百二十点余の衣裳が保管されている）を着た子ども役者が、囃子方が伴奏する囃子に合わせ、大人顔負けの演技を披露し、地区内外、県外からの約八百人の観客を大いに沸かせた。役者の演技が最高潮に達すると、観客席から色とりどりの紙に包まれた「おひねり」が投げ込まれる。役者の前に散らばったおひねりは、そのまま華やかな舞台演出となる。また、役者が見得をきると、客席から役者の名前を呼ぶ声が上がったり、誉め言葉がかかる。と同時に会場全体が笑い声と拍手に包まれる。観客は、吹く風に乗って背後から舞い落ちる木の葉に一種の風雅を感じながら、歴史と伝統ある郷土芸能を楽しみ、春宵の時間をゆったりと過ごすことになる。

私は歌舞伎を鑑賞して思った。

地域を守るのは、政治家でもなく行政サイドでもなく、そこに住む住民である。一大イベントを毎年挙行するエネルギーが、地域コミュニティを維持し地域の荒廃を防ぐ源である。肥土山地区は正しく地域活性化のお手本であろう。

そばの名前は色々（器の名前に由来するものなど）

日本各地にそば切りが定着していくと、地域ごとに工夫されて各地ならではの特色が生まれる。出雲地方の「割子そば」のような名前にその特徴が表されてくる。出雲蕎麦の立ち位置を探る上でも、各地のそばの名称を知っておくことは必要であろう。

日本全国には、そばの名前は色々ある。各地を巡る中で、どんなそばかなと想像しながら、そば屋の暖簾をくぐるのが楽しみになる。そこで、そばの名前を探ってみる。

地名をとったものでは、「信州そば」「越前そば」「出石そば」「戸隠そば」「高遠そば」「出雲そば」「祖谷そば」「薩摩そば」などがある。しかし、「沖縄そば」は、そばはそばでもソバ粉を使わない、小麦粉だけのものである。

出雲の「割子そば」のようにそばを盛る器の名称に由来があるものを挙げてみる。出典は新島繁『蕎麦の辞典』（一九九九・一一・三〇　柴田書店）である。

いたそば【板蕎麦】

山形市を中心とする山形県の内陸部では「へぎ」の大箱に二～三人前のそばを盛ったものを

「板そば」と呼ぶ。

かわらそば【瓦蕎麦】

山口県豊浦郡豊浦町の川棚温泉の名物そば。熱くした瓦の上に、茹でてサラダ油で炒めた茶そば、牛肉、錦糸卵、ネギ、海苔のほか、レモンと紅葉おろしを乗せる。

さらそば【皿蕎麦】出石焼の平皿にそばを盛り、つゆをかけてすすり込むため、この名がある。五皿が一人前。「出石そば」の別称がある。

さらもり【皿盛り】

江戸時代には一般に皿盛りだったが、末期になると、せいろも現れ、嘉永六年（一八五三）頃に完成した『守貞漫稿』によると深皿と丼と両用掲げてある。

ざるそば【笊蕎麦】

本来は竹ざるに盛るからこの名がついた。海苔をかけるのは明治以降の現象で、「ざる」すなわち「海苔かけ」ではない。本来は何もかけずに、ワサビを添える。

せいろ【蒸籠】もりそばの別称。そばを盛る器の名「せいろ」から呼ばれる。延宝（一六七三〜一六八一）から元禄（一六八八〜一七〇四）のころ、そば切りを湯通ししないでせいろで蒸して出す「蒸しそば切り」がはやった。茹でた盛りそばをせいろに盛りつけるのがその名残り。「もりせいろ」と「ざるせいろ」とに大別される。

そね

そばが十盛り入る木製の容器。十船の約か。

なべそば【鍋蕎麦】
島根県の西部、石見地方のそば料理。鳥そぼろ、いり卵、ゴマ、かつお、ネギ、海苔、紅葉おろしなどの具を好みでつゆに入れ、ゆがいた手打ちそばをつけて食べる。
ひつこそば【櫃蕎麦】
岩手県の遠野地方では、弁当箱のことを「ひつこ」（櫃コ）といい、この小判型の器にそばを盛って出す。
へぎそば【剥蕎麦】
へぎ（へぎ折敷）に盛り付けたそばのこと。新潟県の小千谷や十日町などでは、もりそばを盛る容器としてへぎが使われる。へぎ折敷とは、へぎ（杉、檜、松の材を薄く剥いだ板）の四方に縁をつけた角盆のこと。これに簾を敷いて茹でて水洗いをしたそばを一玉ずつ丸くまとめて盛っていく。
わりごそば【割子蕎麦】
出雲を代表するもの。割子そばはそばを盛る容器から出た名称で、昔は春慶塗の杉か檜製の角型であった。小判型もあった。明治末年頃から、衛生的見地から丸型に変わっていった。
わんこそば【椀子蕎麦】
岩手県の旧南部藩領に伝わるそば振舞いで、平椀（方言で椀コ）に盛るところから出た名称である。給仕人が客の椀が空くとすぐ後ろから、一口か二口くらいのそばを投げ入れ、ひっきりなしに御替りを無理強いする。

その他、名称の由来が器以外のものをわずかばかり挙げてみる。

変わりそばの練り込む材料から取った「茶そば」「卵切り」「べにきり」や、種物の名前から取った「鰯そば」「にしんそば」などもある。

上方の「熱盛そば」は、茹でて洗ったそばをもう一度熱い湯に通したり、盛り付けた蒸籠の上から熱湯をかけるなどの方法がとられ、江戸時代の後期から明治にかけてはやり、「蒸しそば切り」とも言った。

かつて対馬国では、対州ソバの産出が多く、朝鮮地方に輸出されていたという。生粉打ちそばを甑《こしき》に盛って重ね、温水をかけてそば櫛で整えたという。「対馬そば」、あるいは「対州そば」とも言う。

「しっぽく」は、具（かやく）を豪華に載せたうどんまたはそばを言う。上方では、椎茸や蒲鉾、鶏肉、焼き卵、ほうれん草、海苔などを豪華に入れる。上方はうどん、江戸はそば。名称の由来は長崎の卓袱料理からという。

「津軽そば」「道城そば」は、つなぎに大豆の呉汁を使う特徴のあるそば。前者は青森県津軽地方に伝わり、後者は秋田県北秋田市道城地区に伝わる（道城地区では、岩手の「わんこそば」と同じく、何杯でもお代わりを強いる風習があるという）。

水洗いしたそばを器に盛り付ける方法に、「ぽっち盛り」と呼ばれるものがある。食べやすいように手で巻くようにして、一玉ずつ丸くまとめて器に盛っていく。「戸隠そば」や新潟の「へぎそば」に見られる方法である。お客は、出されたそばの盛り付けの美しさに、食欲をそそられる。福島県岩瀬郡では、そば・うどんの玉盛りを数える数詞として、「ぼっち」という語を使っている。

第二章　そば切りと出雲

「そば切り」の史料（初見から年代順に宝永年間まで）

出雲地方にどういう経路でそば切りが伝わってきたのかは今のところ不明である。そもそも、日本のどこで、誰がそば切りを始めたのかもはっきりしない。伝聞・風聞の説が伝わっているが、定説とはなっていない。ここでは、国内でのそば切りの史料を確認しておき、出雲におけるそば切りの歴史を考える上での参考資料としたい。

蕎麦のサイト「大阪・上方の蕎麦」を公開している勢見恭造氏（大阪府大東市）は、次のような仮説を主張している。

蕎麦は、粒食や粉に挽いて蕎麦掻や団子などの粉食で食されてきた歴史が長く、それが麺状に工夫されて初期の「そば切り」が誕生し、製粉技術の革新や麺にする技法の熟練や大人数に振舞える料理として定着するなど、その地域で発展したものが周辺の地域へと普及していった。そば切りが誕生し普及していく過程では、様々な環境や条件が必要で、

① 雑穀に依存した食の環境、豊かなソバの産地を有している。
② 収穫したソバの品質を保持するための経験や保存設備を備えている。
③ そば粉の改良、胴搗製粉（杵で叩き潰して粉にする）から石臼製粉への技術革新。

などのことが考えられる。

これらの事象に加え、気候風土、蕎麦関係の事例の多さなどを考慮すると、そば切りは信濃で誕生したと考える。

信濃で誕生した初期のそば切りは、信濃一帯に普及し、木曽路を通って美濃、草津から近江を経て京・大阪へ到達する「中山道・上方ルート」、草津で中山道から分かれて名古屋・江戸に到る「東海道ルート」、信濃を出て甲州街道を通り、上諏訪を経由し甲州・江戸に到達する「甲州街道・江戸ルート」、糸魚川街道を通る「越中・越後ルート」などを通って、各地に伝わっていった。

私は、勢見氏の仮説を支持したい。この仮説に異議を唱えうる材料を持ちえない。

蕎麦の世界でよく耳にする、伝聞・風聞の説として伝わっている蕎麦切発祥説を二つ挙げる。

1.「蕎麦切は甲州よりはじまる、初め天目山へ参詣多かりし時、（後略）」の説に従うのが、

甲州天目山説である。天目山は山梨県東山梨郡大和村木賊にある臨済宗棲雲寺の山号である。

2.「蕎麦切といっぱ（というのは）もと信濃国本山宿より出て、普く国々にもてはやされける」の説に従うのが、信州本山宿説である。

現在、国内におけるそば切りの初見は、定勝寺の文書である。以下簡単にそば切りの文書を年代順に記す。

① 天正　二年（一五七四）　長野県大桑村の定勝寺（旧中山道・須原宿に位置する）の文書。
② 慶長一九年（一六一四）　江戸の常明寺（東光院との説も）。『慈性日記』
③ 元和　八年（一六二二）　大和の郡山（大和郡山市）。『松屋会記』
④ 元和一〇年（一六二四）　京都　慈性の父・権大納言日野資勝の日記。『資勝卿記』
⑤ 寛永　三年（一六二六）　京都・尊勝院。『慈性日記』
⑥ 寛永一三年（一六三六）　旧中山道・贄川宿　儒官・堀杏庵が、尾張藩初代藩主に同行した際に宿場でそば切りを振舞われた、と記している。『中山日録』
⑦ 寛永一八年（一六四一）　京都、金閣寺独住第二世鳳林承章の日記。『隔蓂記』
⑧ 寛永二〇年（一六四三）　そば切りの製法を記す。『料理物語』

⑨　寛文　六年（一六六六）　出雲大社上級神職・佐草自清の日記。『江戸参府之節日記』
⑩　元禄・宝永年間（一六八八－一七一〇）　河内国石川大ケ塚村（大阪府南河内郡河南町）の旧家、河内屋五兵衛可正（一六三六－一七一三）が綴った『河内屋可正旧記』

上記は、新島　繁『蕎麦うどん名著選集／第二巻　蕎麦史考』（一九八一・七・七　東京書房社）、新島　繁『蕎麦年代記』（二〇〇二・二・二五　柴田書店）から該当の箇所を抜き出して、簡略に記したものである。ただし、②の「（東光院との説も）」と書いたのは、別の考証論文から判断して入れた。

その考証論文の著者は、インターネット上で蕎麦のサイト「大阪・上方の蕎麦」を公にしている勢見恭造氏で、題名が『慈性日記に見る「ソハキリ」の史料』となっていて、A四判で一二枚の分量になっている。『慈性日記』の慶長一九年二月三日の条にある「常明寺へ、」に対する従来の解釈は、常明寺でそば切りを振舞われた、ということであった。しかし、勢見氏は文脈や記録などを多面的に考証して、そば切りを振舞われた所は常明寺ではなく、東光院であると結論づけている。勢見氏は、「江戸の歴史の中で常明寺につながる資料は見つからない」、「しかも他の寺の場合とは異なり一度しか登場しない不自然さがある」と書いている。勢見氏の考証は検討に値する内容として挙げた。

また、⑨の出雲における初見の文書（寛文六年の記事）は、島根県立古代出雲歴史博物館（島根県出雲市大社町杵築東）の岡宏三専門学芸員が発見し、公表されたものである。

なお、荒木英之氏は、ワン・ライン『おいしい出雲そばの本』七五頁で「出雲にはそばに関する第一資料がきわめて乏しいのが現状です。天明六年（一七八六）の文書にそば切りという言葉が出てくるのが一番古くて確実な資料です」と言っておられるが、荒木氏亡き今、出典を再確認することが出来ない。

以上、日本国内におけるそば切りの初期の記録を見ると、天正二年から寛文六年の間、九十年間に、そば切りが旧中山道の沿線（信州）・江戸・大和・京都・出雲で行われていたことを示している。これらの第一次史料の出所は、寺社、僧・神職、茶人（文化人）、公家、儒学者などである。

木曽三大寺の一つである定勝寺は中山道の須原宿に位置しており、贄川宿はこの須原宿から六つ目に当たる。新島繁『蕎麦年代記』二一〇頁に「信州　木曽道中贄川清左衛門蕎麦」とあり、贄川はそばの名所であったようである。須原宿のすぐ北隣は上松宿で、木曽八景の景勝地・寝覚めの床があり、ここには寛永元年（一六二四）創業という「寿命そば」の越前屋がある。そば切り発祥の地と言われる本山宿は同じ中山道木曽路で甲州街道（現：国道二〇号）との合流地点になる。もう一つのそば切り発祥の地と言われる甲州天目山棲雲寺へも通じている。以上のことを考えると、中山道はそば切り伝播の役割を果たしている。

天正二年は日本の国内統一を目指して織田信長が覇権を争っている時であり、そして豊臣秀吉の時代を経て、徳川家康が江戸幕府を開いたのが慶長八年（一六〇三）である。寛永二〇年に、江戸初期の代表的な料理書『料理物語』が刊行された。このような世情の動きの中でそば切りは生まれ成長していったようだ。

国内のそば切りの史料を簡単に見て来たので、次に、出雲におけるそば切りの初見の文書について記す。

出雲における「そば切り」の古文書新発見

平成二七年一〇月二一日付で、「〈出雲そば〉最古の記事、発見しました」と題した島根県報道発表資料が、島根県立古代出雲歴史博物館の専門学芸員・岡宏三氏名で公にされた。その内容は、「何月何日・どこで・誰が・誰に・どのように」が明記された特筆すべき貴重な史料であり、出雲の蕎麦史上待望の記録である。

国内でのそば切りの初見の記録は、天正二年（一五七四）に信濃・木曽・大桑村須原の定勝寺での「振舞ソハキリ　金永」であり、二番目に慶長一九年（一六一四）の江戸での『慈性日記』の「ソハキリ振舞」、三番目に元和八年（一六二二）の奈良における『松屋会記』の「ソハキリ」、四番目に元和一〇年（一六二四）の慈性の父・権大納言日野資勝の日記にある京都での「ソハキリヲ振舞」、五番目に寛永三年（一六二六）に慈性自らそば切りを振舞った記事が『慈性日記』に見えている。六番目が、寛永一三年（一六三六）に旧中山道・贄川宿でそば切り振舞いがあったという記事、七番目は寛永一八年（一六四一）の金閣寺第二世鳳林承章の日記に見える「ソバ切」の御馳走である。出雲における記録はこれに続くものである。

古代出雲歴史博物館に寄託された史料名は『江戸参府之節日記』（えどさんぷのせつにっき）、著者は佐草自清（さくさよりきよ）で、江戸前期の出雲大社の神職・寛文の出雲大社大造営で活躍した方である。

内容は、約三百五十年前の寛文六年（一六六六）三月二七日、出雲大社の造営工事が進む中、佐草は松江において、松江藩寺社奉行・岡田半右衛門役宅で、本殿の柱立（はしらたて）の儀式の費用の他について協議、日暮れになった頃、「蕎麦切」の振る舞いがあった、ということである。

今日ハ、御柱立談合ニて日暮（ひくれ）、蕎麦切振舞、五郎佐（ごろうざ）殿（平野五郎左衛門。大社造営奉行の一人）・佐左（さざ）（小出佐左右衛門。大社造営奉行の一人）居（お）られ申し候。

著者・佐草自清（一六一六―一六九五）は、『出雲大社の寛文造営について―大社御造営日記の研究―』（二〇一三・三　島根県古代文化センター）によると、松江藩から高い信頼を受けた人物で、千家国造方上官では特別待遇を受ける東上官の長男である。幼少のころから学問に秀でていたようで、医者になったが、正保元年（一六四四）、二十九歳の時、北島国造方の筆頭上官佐草家（俊清）の婿養子となり、神職としての人生を歩み始める。その後、出雲大社の知恵袋として頭角を現し、藩儒黒沢石斎と親交を持ち、彼を通じて林家の儒学や伊勢の神道を学んでいく。

佐草自清にそばを振舞った寺社奉行・岡田半右衛門は、『松江藩列士録　第二巻』（二〇〇四・三・三一　島根県立図書館）によると、「本国尾張生国三河」であり、松江藩松平家初代松平直政公に召し抱えられ、明暦三年（一六五七）に三百石加増され「都合千石」の身分になっている。寛文三年（一六六三）に、出雲大社造営につき「大奉行」に任命され、出雲大社の造営に責任者として関わっている。延宝四年（一六七六）二月一七日に亡くなった。

寛文元年（一六六一）八月一一日、江戸幕府より出雲大社御造営が仰せ付けられた旨の書状が出雲大社に届き、当時の千家国造方の社奉行・長谷正之、北島国造方の社奉行・佐草自清は宮大工を連れて松江藩に出向くことになる。八月一三日、松江に到着した二人は、藩社奉行の垂水十郎衛門と岡田半右衛門に面談した。翌日、二人は村松奉行に面談し、江戸よりの目録と江戸滞在中の松江藩士塩見屋成からの覚書を受け取っている。

岡田半右衛門と佐草自清とが初めて出会った寛文元年から五年後の寛文六年に、出雲大社造営の打ち合わせの時、夕方、岡田半右衛門はねぎらいの気持ちでそば切りを振舞ったであろう。そこで、岡田半右衛門が、自らそばを捏ね、打ち、切り、薬味をそろえ、かけ汁を調理して、どのような食べ方でもてなしたかが問題となり、またどのようにしてそば切りを習得したのか、解明しなければならなくなる。あるいは、岡田半右衛門自身ではなく、配下の誰かが調理したものか、または、その当時松江城下にそば屋が存在していて、そば屋から取り寄せたものであろうか。この点について、どう調べていくか課題である。出雲におけるそば切りの起源、変遷などの歴史を解明していく作業はこれから始まることになる。

松江藩の武士と出雲大社の神官とが、出雲大社造営という大事業の際に、当事者同士で一時の安らぎをそば切り振舞いの中で持った。この事実が示す意味の重要性、出雲における蕎麦食文化史の中での位置づけは、今後明らかにされねばならない。

【付記】寛延二年(一七四九)九月二八日午後二時頃に、殿様(松平家第六代藩主宗衍公、不昧公の父)が「蕎麦切」が食べたい旨を松江藩御用商人・瀧川伝右衛門宅へ伝えられたが、あいにく伝右衛門は杵築大社へ参詣に行っており留守であった。殿様は午後五時頃瀧川家に到着し、酒と料理を振舞われて後、夜七時半頃瀧川家を立って帰って行った。御供は二十五人いた。瀧川家一家で世話をした。

以上は、『瀧川家「公用控　弐番」』の「寛延二年巳九月二十八日　殿様被為懸御腰候事」(『松江市史　史料編7近世Ⅲ』二〇一五・三・三〇　松江市)の記述を、松江歴史館学芸員西島太郎氏に解説していただき、必要な内容の個所を川上正夫が簡略に書き出したものである。

ところが、殿様は「蕎麦切」を所望されているけれど、当日の料理の品書きには「蕎麦切」がないので、何かの理由でこの日、殿様と御供に「蕎麦切」が出されなかったようである。しかし、その当時「蕎麦切」を大人数分すぐに提供しうる態勢が瀧川家には備わっていたことが分かる。

出雲大社門前のそば屋

江戸時代の出雲大社の門前にはそば屋がどのように存在していたのか、それをはっきり示す史料を私は知らないが、藤間亨氏・高瀬礼文氏・槻谷英人氏・白石昭臣氏、四氏による座談「出雲そばの風土と伝統」(ワン・ライン『おいしい出雲そばの本』四四頁)において、藤間氏が明治四年の杵築村の商業調べの文書について話された。出雲大社の門前町で参詣客が通る道に面して蕎麦屋が並んでいて、当時の市場村に三軒、さらに出雲大社に近い通りには三十メートルの間にそば屋が四軒並んでいるということであった。出雲大社や戸隠神社など、神社の門前に参詣人のためにそば屋が軒を連ねることは日本全国で見られることであろう。藤間氏がここで言っておられる参詣道は、中世後期、近世初頭からのものと考えられており、近世以降は参道沿いに家屋が集中し、町並みが形成された通りである。石州、西国方面からの陸路の参詣道で、現在の国道四三一号とほぼ一致し、川方、流下、市場を経て宮内に入り、神社に到る道である。

現在もっとも賑わいをみせている参詣道、神門通りは、近代に入ってからの新しい参道であり、旧国鉄大社線の開通、続いて一畑電鉄大社線の開通となり、以来駅前集落の特色を呈することになった。出雲大社の参道の変遷は『大社町史上巻』(一九九一・九・三〇 大社町)一一三～一一八頁に詳しく述べられているので、お読みいただきたい。

藤間氏が指し示す文書は、明治四年(一八七一)正月吉日「年寄・組頭・目代・諸商人商ひ書出し控」(藤間家文書)のことで、越峠《こえど》村・市場村・中村・仮宮村・大土地《おおどち》村、五か村について住人の生業を知ることが出来る格好の史料である（宮内村・赤塚村・修理免村が抜けているなど留意すべき点もあるが）。『大社町史中巻』（二〇〇八・九・三〇　出雲市）二〇四頁の「表12杵築五か村（越峠・市場・中村・仮宮・大土地）の商人」を見ると、蕎麦屋が越峠村に四人、市場村に三人いたことが分かる。市場橋（流下橋）から市場村・越峠村にかけて出雲大社への参詣道が貫いており、参詣人を意識した商売が行われていたことがうかがわれる。越峠村・市場村には「宿屋」「一文菓子屋」「ぞうり・わらじ」「蕎麦屋」が多く存在していたのである。また、越峠村や市場村には出雲御師宅が集中していたという。『大社町史中巻』二〇三～二〇六頁を読むと、大社町が門前町として形成されていく地域的変遷が良くわかり、おもしろい。

平成の大遷宮が平成二〇年（二〇〇八）四月から平成二八年（二〇一六）三月まで行われた。平成二五年（二〇一三）五月一〇日、本殿遷座祭が六十年ぶりに挙行された。この六十年に一度の遷宮に合わせて、宇迦橋の大鳥居から勢溜まで、神門通りは町並み整備が行われ、商店が新規オープンを含めて立ち並び、景観が見違えるほどきれいになり、観光客が大勢訪れ回遊するようになって、かつての賑わいを取り戻した。今回の賑わいが一過性に終わることなく永続することを願う。杵築町（大社町）はかつて戦国期には山陰屈指の商業都市であったのであり、その地位にまで押し戻す努力が今出雲市民に求められていると思う。

出雲市観光協会が発行したそば店マップによると、現在（二〇一六年八月）大社町には神門通りを主にしてそば屋が全体で十八店舗存在している。その中で、明治四年の越峠村と呼ばれた地域には現在そば店が三店舗あり（四つ角と呼ばれる周り）、老舗のそば屋として荒木屋がある。

中心に歴史を記述しようとする立場の人物であった。太田直行氏も「雲石紙考」（『島根民芸録・出雲新風土記』〈一九八七・七・八　冬夏書房〉四八～六〇頁）で同じように、直政公が各種の産業を奨励し、殊に紙は日常生活に需要が多いので郷里の越前から人を招き紙業の発達を計った、と書いておられる。「野白」は現在の松江市南郊の乃白であり、地元では中條家は「ちゅうじょうさん」と敬慕されていて、御紙屋中條家が代々信奉してきた日吉神社が一枚岩の巨石の上に建っているという（漢東種一郎『出雲和紙―人と風土―』〈一九七三・四・二〇　木耳社〉一〇六・一〇七頁）。

以上の資料から総合的に判断すると、直政公が越前から紙漉き職人を連れてきたことは史実と判断できる。

小説風の『雲陽秘事記』及び史実を重視した『藩祖御事蹟』にも、直政公が蕎麦職人を連れてきたという記述はみられない。果たして、直政公はソバ栽培やそば食について自身の考えを持っていたのかどうか。この点を明らかにするためにも、直政公がそば職人を同道してきたことを示す文書を見つけ出さねばならない。つまりは、松平直政公がそば職人を連れてきたという話は、郷土愛から来るお国自慢の話として、伝聞・風聞の説として出雲に伝わってきたことになりそうである。

蕎麦大好きの大名茶人・松平不昧公

松江藩松平家第七代藩主松平治郷公（一七五一―一八一八）は、文化三年（一八〇六）に隠居して、不昧と号した。茶道に通じ、石州流不昧派を創め、禅道・書画・和歌にも通じた。不昧公は蕎麦を大層好んだ。自筆の書捨文がある。

茶を立て
道具求て
蕎麦を喰
庭を作りて
月花を見ん
此外望無之
大笑　々　々

この文に不昧公の全てが言い表されている。私が説明を加えることはできない。

江戸料理を代表する割烹の八百膳で遊んだ食通の不昧公である。「江戸の皆さん、そばがうまいだのまずいだのと言っているが、出雲に来て挽きぐるみを食べてみなさい、どんなにうまいことか、わかるかい」とでも言っているような気がする。そして「そばはよく噛んで食べるんだよ」とつけ加えたに違いない。

出雲市大社町の藤間亨氏の家には、不昧公が考案したと言われる蕎麦懐石の道具が伝わっている。藤間家はかつて松江藩の殿様や勅使が泊まられる本陣宿を勤めた。この道具について説明してみる（この道具の写真は、ワン・ライン『おいしい出雲そばの本』六〇・六一頁に掲載している。盛り付けした様、盛り付け前〈そして食後〉の様、二つを載せている）。藤間亨氏の説明から要約して記述する。

1．茶席での懐石料理という侘び文化の世界では、お膳は主食ではないので、足のない折敷膳という一番簡素な膳を使う。「断紋折敷膳」という。

2．蕎麦椀は、「薇蒔絵蕎麦椀」といい、特殊で、普通の椀より少し大きめでしかも小深い型である。椀は分解され、蓋は出汁入れになり、懸子（かけご）には薬味を入れ、椀の本体にそばを入れる。

3．汁注は、「朱塗把手付」。

4．猪口は、「栗田焼金葵紋台付猪口」で、中に大根おろしのしぼり汁を入れて飲みながらそばを食べる。

5．そばは、椀の蓋に入れた出汁につけて食べる。

6．これは日本の食文化の器の中で、よく考えられた椀であり、盛り付けられた美しさが魅力である。使った後は、器の汚れが見えるので、食べ終わると椀の蓋を閉めて元の姿に戻す。日本的な様式美の完成した形を見せている。

不昧公が、そばに魅入られた方であることを示す資料があるので次に紹介する。

米澤義光『松平不昧公茶会記二題』（二〇一四・一一・七　能登印刷出版部）に掲載されている献立の中に（島根県立図書館蔵本　文化六年八月二十三日）、「御菓子」として「古刷毛目鉢」の器に盛った「薄蕎麦皮焼　摺つぶしあん　とも」がある。同じ著者の『「大圓菴様御一代御茶事記」翻刻』（二〇一五・一二・一〇　能登印刷出版部）の献立の中には（手銭記念館所蔵本文化七年十二月二十日）、「御蕎麦湯　播磨鍋」とある。

前者はそばの香ばしさを楽しむお菓子であることが分かる。後者は寒い時季の体を温め健康に良い飲み物であるそば湯を賞味する趣向であり、そば切りを出さずに、そば湯を出している所が心憎い。この二つの事例を見ても、不昧公がそばの本質を理解しそばをこよなく愛した人であることが分かる。

私は二〇歳から二三歳まで、京都北山・鹿苑寺（通称金閣寺）で住職・村上慈海長老の不肖の弟子として生活し、先輩僧からの見習い・聞き習いでお客様にお茶を立てて出していた程度であったから、特に習ったことのない茶道について語る資格のない身ではあるが、そばとの絡みで付け足しておきたい。不昧公はお茶を石州流に学び、後に独自の茶風に達し、不昧流を創められた茶道の達人であった。

その石州流の祖・片桐石州（貞昌）（一六〇五―一六七三）の名前が、塗師松屋家『松屋会記』

に「片桐石見守殿へ」として出ており、「寛永十八年三月四日　朝　小泉ニテ」に始まり、続いて献立や料理法の注釈がつけられている。片桐石州の門弟には保科正之（一六一一－一六七三）がいる。保科正之はそば好きだったと言われ、会津へ転封された後も初めて藩主になった高遠藩に由来して、「高遠そば」を福島・会津地方に根付かせたという。高遠そばの特徴は、大根おろしのしぼり汁に醤油か焼き味噌で味をつけた汁で食べることにある。高遠地方（現・上伊那郡高遠町）には、山ダイコン（辛味大根）が産出されるので、この食べ方が始まったと言われる。

なお、新島繁『蕎麦うどん名著選集第二巻　蕎麦史考』（一九八一・七・七　東京書房社）二六七～二七三頁に「不昧公と雲州そば」と題する項目があり、不昧公がそばに目がなかったことを文献から実証しておられるので、一読を勧めたい。

吾郷磯八『歳々諸作見知草』（さいさいしょさくみしりぐさ）の中から

『歳々諸作見知草』は、神門郡矢野村（出雲市矢野町）の年寄役を勤めた吾郷磯八（一七四七－一八〇五）が書いた明和四年（一七六七）から文化二年（一八〇五）まで三十九年間の農事録である。この期間はちょうど松江藩松平家第七代藩主松平不昧公の治世下に当たる。

『歳々諸作見知草―出雲国矢野村年寄役吾郷磯八三十九年の記録』は、一九九二年一〇月一日、吾郷博氏によって発行、公にされた。編者は、藤澤秀晴・岡宏三・岡美登の三氏である。出雲市の図書館に蔵書としてあるので、詳しくは原本を読まれるよう勧めたい。

著者・磯八は、文筆をよくし学問を好み、勤勉実直、宗教心の厚い人柄だったようだ。季節ごとの気象や災害、農作物の豊凶、村の中で起きた出来事、政治の動きなどがこまめに綴られている。幕藩体制下における、村役人の目を通して見た村の記録であり、また松江藩と底辺に生きる農民との狭間に立たされた村役人の苦悩を垣間見ることが出来る史料である。

もちろん、農事録であるので、五穀・雑穀・蔬菜の作柄について記述が多い。米、麦、粟、黍、大豆、小豆、芋、唐黍、蕎麦、大根、蕪の名称が出てくる。「綿」の記述も多い。その当時、綿が重要な作物であったことが分かる。

出雲平野におけるソバ栽培がどれだけだったかは想像できないが、栽培されていた事実はあるので、紹介しておく。

「安永三甲午」（一七七四）の条の中、

○大豆中、小豆悪し。○粟悪し、種無し。○蕎麦吉。

「安永四乙未」（一七七五）の条の中、

○大豆よし。小豆悪し。粟中。黍よし。蕎麦吉。綿作中、壱畝ニ付弐貫四五百目フキ

ソバ栽培の記述はこの二か所だけである。作柄は良かったとのみ記されている。他には記述が

見当たらないので、この二年だけ栽培したことになる。安永三年は、二月一六日夜地震があり、二月二九日には「光リ物通り、シントウノコトクナリ」という現象があった。麦の作柄は良かったが、米の出来は中ほどであった。安永四年は、五月に二度大水が出ているが、「稲作大吉」とある。何か思う所があってソバを栽培されたであろうが、いずれにしても自家消費の作物であろう。

巻末に、岡美登氏が「吾郷文書に見る地震記録とその裏付け調査」と題して、付録としておられる。本書の目的とは内容がずれるけれども、当時出雲部において地震が頻繁に発生した様子を知ることが出来るので、記しておきたい。

明和　六年（一七六九）	八月二九日	大地震
	九月一八日	地震
安永　三年（一七七四）	三月二七日	地震
	四月　九日	光芒
安永　六年（一七七七）	三月　一日	地震
	三月二〇日	大地震
	三月三〇日	大地震
安永　七年（一七七八）	二月一四日	大地震
	二月一九日	地震

天明四年（一七八四）
三月　七日　地震
一〇月　二日　地震
四月一八日　大地震

天明五年（一七八五）
三月一一日　地震
五月一三日　地震

天明六年（一七八六）
七月　七日　地震
一二月二八日　地震

天明七年（一七八七）
一月　七日　地震

寛政元年（一七八九）
五月一〇日　大地震
七月　二日　地震
一二月二八日　地震

寛政二年（一七九〇）
二月二六日　地震
三月一六日　地震
八月　二日　地震

寛政四年（一七九二）
九月　八日　地震

寛政五年（一七九三）
一月一四日　大地震
四月　四日　大地震

寛政七年（一七九五）
三月一九日　地震

寛政　八年（一七九六）　一月　三日　地震
寛政一〇年（一七九八）　四月三〇日　地震
享和　元年（一八〇一）　二月二〇日　地震
四月一七日　地震
（註に、「大地震」「地震」の表現は、吾郷文書の表現に従ったものであると記されている）

近頃、地震によって人生の全てを失う痛ましい被害が続いている。日本は地震国であることを改めて認識する。最近、出雲での地震被害はないが、しかし、いつどこで起きるか分からない気がする。岡美登氏の調査表はかつての出雲における地震の発生を記録したものとして、記憶にとどめておきたい。三十九年間に地震があった年が十六か年あり、大地震が八回、地震が二十二回、合計三十回起きたのである。

松江藩松平家第九代藩主松平斉貴公の蕎麦

松平斉貴（斉斎）公（一八一五－一八六三）は不昧公の孫にあたる。鷹狩を好み、自ら鷹の研究もしたようだ。斉貴公が松江に在国中の天保三年（一八三二）一月一日に、日御碕神社から借用した、鷹の病気を治す伝書を、字は新屋太助が書き、絵は雲江という人物が描き、二冊の複本を仕上げ、御用商人である新屋を通して斉貴公に献上した。新屋太助はこのことを大変な名誉に感じたと日記に書いている（松原祥子『松江城下に生きる—新屋太助の日記を読み解く—』（二〇一〇・三・二〇　松江市教育委員会　一二・一三頁）。

嘉永二年（一八四九）五月二四日、斉貴公は国元に入国し、九月四日江戸へ出立している。嘉永四年（一八五一）に、国元の困窮と斉貴公が江戸の砂村に十八万両で鷹狩場を買い上げ四階の茶屋を建てたことに対して、塩見増右衛門が斉貴公に諌言したが聞き入れられず切腹した。辞世の歌を残している。

君が為　おもふ心の一筋に　けふ赤坂の露と消ゆく

新屋太助は日記に、斉貴公が嘉永五年一月一四日に入国する旨を書いている。藩と関わりを持つ大店の商人たちは、藩の動向や藩士たちの進退は重要な情報であったろうと思われる。

斉貴公は文政五年（一八二二）から嘉永六年（一八五三）の間藩主であった。斉貴公治世の後期四分の一に当たる期間、天保一五年（一八四四）から嘉永四年（一八五一）にわたって、斉貴公とその周辺の人々の食事全般に関しての指図や取り決め一切（調理法が主体）を書き留めた文書がある。筆者は「集張五人扶持、高村平九郎」という人物である。題は『諸被仰出并御儀定物書抜』（よろず仰せいださる、ならびに、御儀定物書き抜き）である。この文書を解読した方は、島根女子短期大学の長澤嘉子氏（調理学第一研究室）と小松原紀子氏（調理学第二研究室）である。大学の研究紀要第二〇号（昭和五七年）に発表された中から、「蕎麦」の文字がある個所を拾い出す。なお、この号に発表された解読文の扱い範囲（年次）は、嘉永二年（一八四九）五月から嘉永三年（一八五〇）までの二十二項目と、天保六年（一八三五）から嘉永二年までの「調べ落し箇条」（年次順不同）の十八項目とであり、記述の年次が前後する結果となっており、年数を特定することが私には出来なかったことをお詫びする。

（前略）

六十一、大奥女中、御休息女中、寒稽古下げらる。ならびに御休息女中下げらる、相止み候事。

大奥、御休息女中へ、寒稽古に付き、左の通り手配候よう、石原より申し聞かさる。弘化三十

二月二十日、例年の通り、今晩より寒入りに付き、節分まで左の日限。

ただし、御休息ばかりへ、今晩より節分まで、毎夜六つ時までに、太鼓食鉢に食、味噌汁鍋壱

つ、九人前。

ただし、この分、大奥へは相まわさず候事。

（朱書）

御休息へ相まわし候汁は、蕪に致し、又□芋類、間には集め汁、あるいはとうふなど、見計ら

いまわし来り候に付き、くわしくは記し置かず候事。

二十一日　しっぽく　ただし　大奥へ七人前　御休息へ九人前

　昇雲亭より壱人へ三つあて　（朱書）

二十四日　三筋汁粉　ただし右同断

代壱分弐朱分仕立て、相まわす。餅□□□□□水（朱書）
後晦日　しっぽく　ただし右同断
前の通り（朱書）
（中略）
右の通り、例年下げられ来り候ところ、嘉永元申十二月八日、寒入り大奥女中下げられ物、昨年の通り、来る十一日寒の入り当夜より、相まわし候よう。御休息は当年相止み候由、酒井与次右衛門より申し聞かさる。昨年の御見合わせ左の通り、伺いいだし候ところ、少々御書き込み出来、お下げに相成り候。
ただし、御書き込みお下げに付き、同じく手配候場を、左に相記し置き候。
（朱書）
御休息の分は、当年相止め候と仰せいだされ候え共、翌酉年も、御休息女中へは下げられず、大奥女中ばかりへ下げられ候。
十一日　しっぽく　十四日　三筋汁粉
十七日　雑煮　　　十九日　しっぽく
（後略）

祖父である不昧公のそば好きが江戸でも評判になっていた影響か、斉貴公も大奥へ「しっぽくそば」を遣わしている。「昇雲亭」から取り寄せている。「昇雲亭」とは、江戸赤坂御門前の蕎麦屋である。嘉永元年（一八四八）秋、蒼先堂が刊行した『江戸名物酒飯手引草』の中に、蕎麦屋が一二〇店紹介されているが、そのうちの一店である（新島繁『蕎麦年代記』〈二〇〇二・二・二五　柴田書店　三一二頁〉より）。

「しっぽく」とは「しっぽくそば」のことである。中国の惣菜料理が日本化したものが卓袱料理で、長崎料理とも言う。大平椀に盛った「しっぽくそば」が寛延（一七四八―一七五〇）頃江戸で売り出された（新島繁『蕎麦の辞典』一九九九・一一・三〇　柴田書店　八二頁）。江戸の住人、日新舎友蕎子が寛延四年（一七五一）一〇月に脱稿した稿本『蕎麦全書　上・中・下巻』の上巻にしっぽくそばを出す店が紹介されている。

日新舎友蕎子著　新島繁校注　藤村和夫訳解『現代語訳　蕎麦全書　伝』（二〇〇六・七・一ハート出版）六四頁。

瀬戸物丁近江屋、芳野葛入りそば有り。此頃しつぽくそばをするよし。三色そば、五色蕎麦と云書付を出せり。

同じく七二頁。

近き頃、人形町に万屋とて新店出来、しつぽくそばを出せり。そば中々よろしとてもてはやせり。しかし余りはやらざる故にや、又頃日、翁そばと云名目を出せり。

我が島根県のしっぽくそばの史料としては、大田市三瓶町池田の松尾家の天保年間（一八三〇～一八四三）の婚礼献立がある。「しっぽこ」と記されている。詳しくは、ワン・ライン発行『おいしい出雲そばの本』（二〇〇〇・七・二〇）八五頁を読んでいただきたい。

『諸被仰出并御儀定物書抜』（よろず仰せいださる、ならびに、御儀定物書き抜き）の中、もう一か所、弘化四年（一八四七）（？）に蕎麦に関する内容があるので、抜き出す。

（前略）

三月四日朝

　　つと玉子　　　　　　　火とりきす
平皿　煮ぬきとうふ　　汁　ささがしうど
　　せり　　　　　　　　　椎茸
　　　香もの　沢庵
坪皿　　　　　　食
　　松露
　　　ふき葛引き

　　同夕
　　たい　　　　　米つみ入れ
平皿　しら魚　　汁　三月大根

きのめ　〆じ茸
香もの　沢庵
かき
生海苔
坪皿　食

御雛仕舞いに付き
一、蕎麦切り弐朱分
（朱書）
昇雲亭より取り寄せ、役味、下汁は、御台所手合いにて相まわし候。
一、丼、浅月鱠　平目
からしぬた
浅月
（朱書）
御雛中、臨時、御提げ重詰め替えなど、日々これ有り候え共、定例の品にこれ有り除き候。
（後略）

三月四日は、お雛様を仕舞う日であり、そばを食べる習慣があったようで、この日昇雲亭から蕎麦切りを弐朱分買い求めたわけである。
なお、前日の三日夕には松江藩地元の「十六嶋海苔」（うっぷるいのり）も出されている。

新屋《あたらしや》太助《たすけ》『大保恵日記』（おぼえにっき）の蕎麦

平成二四年（二〇一二）一月二八日、松江歴史館で「松江城下の食事―新屋太助の日記から―」と題して松江歴史館学芸員・松原祥子氏の講演があり、出かけた。当日、レジュメA三判六頁をいただいた。講演は面白く、松江城下の食生活を知ることが出来、勉強になった。そして、松江市ふるさと文庫9『松江城下に生きる―新屋太助の日記を読み解く―』（二〇一〇・三・二〇　松江市教育委員会）を手に入れた。松原祥子氏が書かれたものである。松原祥子氏のレジュメと著書から、その当時の生活、食事、新屋太助の人物像について触れてみる。そして、松原女史に質問して聞き出した内容、この項の主眼である新屋太助の蕎麦について記す。

江戸時代はもっとも日本の食文化が発達した時代で、料理屋の出現、膳や食器の発達、調味料の発達、料理書の出版などがみられた。

松江歴史館の建設予定地（乙部家老屋敷跡）からは、シカ・イノシシ・スッポンの骨、ハマグリ・シジミ・サルボウガイ・サザエなどの貝が出土している。

『大保恵日記』（おぼえにっき）は松江城下に住んだ新屋太助が文政九年（一八二六）から嘉永七年（一八五四）までの間に書き記した日記帳である。松江市の信楽寺は、松江城下の京店（末次本町）に居を構え、屋号を新屋《あたらしや》と言い、松江藩の御用商人であった瀧川家の菩提寺で、瀧川家旧蔵の史料をたくさん保管している。その一部がこの日記帳四冊である。文政九年と言えば、太助が資金繰りに苦しみ主人とともに「夜な夜な涙の雨を降らした」年である。この年から書き始めたということは、太助の心の内を想像すると、何かしら太助をして日記を書かしめざるをえない動機があったように思う。

新屋太助は、西代（現在の島根県出雲市西代町）の出身で、瀧川家分家（新屋分家）に仕え、太助は、松江・和多見《わだみ》町にあった新屋分家に、寛政五年（一七九三）一一月七日、一四歳の時に奉公に入った。太助が勤めた新屋分家は松江藩の御用の中でも、「木実方」の扱う櫨蝋作りを主に行っていた。

文政九年（一八二六）頃の新屋分家の主人は良左衛門であったが、当時経営難の時期にあり、太助も金策に走っていたという。主人と夜な夜な会い、一緒になって嘆き、涙の雨を降らしたという。嘉永四年（一八五一）から五年（一八五二）にかけて徐々にその経営を立て直していった。新屋本家は松江藩御用商人の中でも重要な地位を占めていたようで、能楽の世話役をも務めていた。瀧川家十一代・瀧川伝右衛門が残した『御囃子《おはやし》日記』は、この伝右衛門が世話役を務めていた「御松囃子《まつばやし》出勤人別」の活動記録である。この日記の内容については、小林准士『松江城下の町人と能楽』（二〇一四・三・三一　島根大学法文学部・山陰研究センター）をお読みいただきたい。

太助は、松江藩と御用商人の深い結びつきを推測することが出来る。

太助は、几帳面な性格で腰が低く、主人や家族の幸せを願い、神仏に対する信仰心が篤く、仕える和多見・新屋分家に対しては特別な思いをしていた。

太助は文政九年には四七歳であり、新屋分家の重役として仕えていた。太助が筆達者であったことは世間でも知られており、町民から様々な書類作成を頼まれた。さらに、藩主に献上する書物の執筆もしている。太助は、嘉永四年（一八五一）には七二歳になっていたというから、日記の最後の嘉永七年（一八五四）には太助は七五歳になっている。この年から数えて、明治維新、明治元年（一八六八）は十四年後のことである。

『大保恵日記』は、日付、その日の天候、仕事や出来事、世間の様子、取引相手や帳簿などの実務に関わること、自分の体調や家族のことなど多岐にわたる内容である。この日記を通して、江戸時代の松江に生きた町人の暮らしぶりを覗いて見ることが出来る。

松原祥子氏の講演当日のレジュメを概略記すと次のようである。

1. 松江城下の食材
日記に見える肉料理―シカ肉、鴨肉、牛
日記に見える貝、魚類

2. 日々の食事 ―季節ごとの料理―
春の食事（白魚、めのは、きなこだんご）
夏の食事（夏大根、素麺、びわ、冷麦、桃）
秋の食事（このしろ、うなぎ、柿、松茸、ゆず、のっぺ汁）
冬の食事（のっぺ汁、鳥豆腐、かぼちゃ、白魚、黒豆、シジミ、なます、赤貝）

3. 行事と食

正月の食事（朝に雑煮、昼に鳥料理、小はしまにユセン餅、夜に茶漬け）

五月五日―端午の節句（粽）

七夕、盆礼（西瓜、腰高色饅頭、生菓子）

お月見・重陽の節句（小豆の煮込み団子、赤飯）

冬至（鳥豆腐、鴨豆腐）

暮―餅つき

4. 贈答の食

年始の年玉（白砂糖）

暮（黒豆、塩鯛、生菓子）

婚礼の祝い（野焼きかまぼこ）

接待の席（松茸、さしみ、かまぼこ、干菓子、鰹、煮しめ、壷焼塩）

土産（黒砂糖、柿、小豆）

ここに書かれている内容をきちんと把握する知識を持たないが、字面からして、当時の松江の食生活が豊かなものであったと感ずる。

松原祥子氏の講演の中では蕎麦のことが出てこなかったので、日記に蕎麦の文字が出てこないかと松原氏に質問したところ、一月二九日付で返書が届き、日記に見える蕎麦の記述が判明した。都合二十八か所見つかり書き出していただいた。次の通りである。

文政　九年（一八二六）　九月二七日　蕎麦ニタテ（煮立て？）出る。
九月二八日　蕎麦一〇膳を注文。「皿ソバ也」。
一一月一四日　宴会で酒の肴とともに蕎麦を食べる。
一一月一五日　蕎麦を五、六人前取る。
文政一二年（一八二九）　一〇月一〇日　トミダヤ（富田屋か？）へ蕎麦を食べに行く。
文政一三年（一八三〇）　四月二〇日　西代村亀次郎が来て、蕎麦豆などくれる。
八月　五日　（天神町）伊豫屋小路の神長（？）にて蕎麦切を食べる。
一一月一一日　乃木の蕎麦屋にて蕎麦食べる。
（神長は人名あるいは店名の略語と思われる）
嘉永　元年（一八四八）　一〇月　五日　蕎麦を食べる。
二月一六日　啓二郎坊とともに蕎麦四膳食べる。
嘉永　二年（一八四九）　一〇月二六日　夜四つ時前（夜一〇時頃）酒と蕎麦を食べる。その後、別の場所でまた蕎麦を食べる。
一〇月二八日　薬屋善助と蕎麦屋へ行き、七膳食べる。
一一月　六日　訪問先で酒と蕎麦を食べる。
一一月一一日　夜四つ頃（夜一〇時頃）蕎麦を食べる。
一二月大晦日　（歳暮として）蕎麦を一匁重箱に入れる。

嘉永　四年（一八五一）　二月　七日　主家で先祖タイ夜のため蕎麦をととのえ、相伴する。
一一月二五日　蕎麦一〇膳藤八へ振舞い、自分も食べる。
嘉永　五年（一八五二）　一月一二日　年始礼にお寺へ酒一升、蕎麦三升を打ち立て、掛汁は
木徳利に入れて持参する。
一月二五日　蕎麦を三膳、息子の政次郎がくれた。
二月二四日　夜食の代わりに蕎麦を六膳食べる。
六月　五日　蕎麦を買う。
九月　一日　蕎麦を二膳食べる。
一二月一六日　蕎麦を御馳走になる。
嘉永　六年（一八五三）　一月　五日　蕎麦を御馳走になる。
五月一一日　蕎麦一〇膳をみやげとしてもらう。
六月二四日　冷蕎麦を食べる。
八月二五日　蕎麦を御馳走になる。
一一月一八日　夜食に蕎麦を食べる。

（暦は旧暦）

以上二十八か所の記述を読むと、様々なことが思われる。
太助は蕎麦が好きで、自ら打ち、かけ汁も調理したことが分かる。当時の松江城下で、蕎麦が

普及していたと想像できる。家で食べる、夜食としてもよく食べている。蕎麦屋で食べる、そば屋の出前も行われている。他家でご馳走にもなっている。宴会の席では酒と一緒に蕎麦が出ている。土産としてもらったり、贈物にもしている。

文政九年は、太助四七歳の時で、勤め先の経営難のため資金繰りに追われ、主人と一緒に苦しさのあまり夜な夜な「涙の雨」を降らせた年である。それまでに太助はそば打ちを習得していたであろうが、この年に四回「蕎麦」が出てくる。そして文政一二、一三年と続き、次に「蕎麦」の文字が多く出てくるのは嘉永元年、太助六九歳の年からで、嘉永六年まで続いている。新屋は嘉永四、五年にかけて徐々に経営を立て直していっている。この晩年の頃がそばに関する記述が多い年次である。

日記から読み取れるそばについての記述を、一年の内、月毎の回数を拾い出してみると次のようになる。

一月	三回
二月	三回
三月	なし
四月	なし
五月	一回
六月	二回
七月	なし

八月　二回
九月　三回
一〇月　四回
一一月　七回
一二月　二回

そばについての記述が多い月は、一〇・一一月である。

そばの内容についてみると、文政九年九月二七日の「蕎麦ニタテ」は、そばの「煮立て」と解釈することが出来る。島根県立古代出雲歴史博物館の専門学芸員・岡宏三氏は、これは現在私たちが食べる釜揚げそばを言っているのではないかと指摘された。私も同じ考えになった。

九月二八日には、「注文」とあるので、そば屋に頼んだわけであり、おまけに「皿ソバ也」と書かれている。皿そばとは何か、推測すれば、温かいそばではなく、茹でたそばを水洗いした冷たいそばであり、皿に盛って供されたものと考えられる。冷たいそばは、嘉永六年六月二四日にも出てくる。「冷蕎麦を食べる」とある。この二回のそばは、水洗いしてぬめりを取った冷たいそばであったろう。「蕎麦ニタテ」の方は水洗いすることなく、茹でたままの熱い麺であったろう。それ以外のただ「蕎麦」と書かれたそばは、水洗いされたものか、水洗いされないままのものか、いずれであったろうか。

嘉永五年に年始礼として、太助はそばを打ち、「掛汁」と一緒にお寺に届けている。「掛汁」とあるから、器に盛った麺に掛ける汁であると判断できる。江戸そばのスタイル「もりそば」のように、そば猪口につゆを入れて麺を浸けて食べる方法ではないはずである。江戸流のそばの名称で言えば、「かけそば」のスタイルと言える。

酒と一緒にそばを食べた回数は三回である。

そば屋に行ったのは四回である。名称不明のそば屋を含めて四軒出ており、一軒は乃木にあったことが分かる。そば屋からの出前は二回である。

夜食のそばは四回である。

宴会のそばは一回である。

他家で馳走になったそばは四回である。

太助が、自らそば打ちをし、土産に持参した回数は四回である。

逆に、土産にそばをもらったのは二回である。

次に、そばの量（数）についての記述を拾い出してみる。「一〇膳」（三回）、「七膳」「六膳」「五、六人前」「四膳」「三膳」「二膳」とあり、二膳・三膳は一人で食べたと判断するが、四膳以上の場合は記述の内容から、同席の人と一緒に食べた量であると推測する。

太助が生きた年代は、松平不昧公の孫の世代、松江藩第九代藩主松平斉貴公の治世の頃に当たる。松平斉貴公の蕎麦に関することについては前項で記している。

太助が蕎麦を食べたことについて記している中で、私が疑問に思うことは、「破籠」、「破子」あるいは「割子」という語が全くないこと、蕎麦を食べる際の数詞が「膳」とされていることである。家で食べる時も「膳」と数えられており、そば屋でも「膳」と数えられている。「膳」とは何を指すのか。『広辞苑』によると、「③椀に盛った食物（特に飯）を数えるのに用いる語」と説明されている。

皿そばと冷そばの記述がある場合を除いた時のそばは、どのようなそばであったのか。人間は、当たり前になってしまったことは特に気にすることなく、自然に振舞い、疑問に思わずやり過ごす性質を持っている。太助が、皿そばと冷そば以外は、特にどのようなそばであったとは書いていない。当時、当たり前になっていたそばで、食べ方であったので、別に書かなかったのではあるまいか。この視点に立って考えると、茹でた麺を椀（碗）に入れ、その上に薬味を載せ、汁をかけて食べる方法を取っていた、と推測できる。

私が知りたい松江城下のそば屋の名称は不確実であるが、その当時、そば屋があったことを知ることが出来る。

嘉永五年一月一二日に、太助は「蕎麦三升を打ち立て、掛汁は木徳利に入れて持参」している。三升とは、石臼で挽いた粉の三升分を言っていると思われる。太助は、端午の節句の時分に、石臼で米を粉に挽いているので、このそば粉を自ら挽いた可能性がある。当時の一升は、松江藩においても六万四八二七立方分の容積であったと思う。江戸幕府は寛文年間に、それまでの一升枡の寸法、方五寸深さ二寸五分を改めて、方四寸九分深さ二寸七分に変更した（四九×四九×二七＝六万四八二七立方分）。江戸幕府が定めた一升枡の寸法は今日まで続いている。しかし、現在家庭で日常生活において一升枡を使うことはなく、特殊の場合に使われる程度である。

太助は、そば汁の「掛汁」を「木」の徳利に入れている。「木徳利」がどういうものであったか。今はわからないので、これも課題として残っている。太助は、料理の心得があったようなので、掛汁を自ら調理したと思われる。

今一つわからないのが、文政一三年（一八三〇）四月二〇日にある「蕎麦豆」である。太助の出身地である西代村からの蕎麦好きの太助へのプレゼントであり、他の物は考えにくいと思われ、黒い皮つきの玄ソバではなかろうかと想像するが（あるいはそば粉を使った豆菓子と考えることも出来ようか）、今はわからない。

出雲の辛味大根

新屋太助が、そばの薬味に何を使ったかはわからないが、日記に「夏大根」の文字が見受けられるようなので、大根も使ったかもしれない。『出雲国産物帳』には、大根が一六品種挙げられていて（田籠博『出雲国産物帳』二〇〇八・三・二五　ワン・ライン　一三一・一四頁）、夏大根はその一つである。そばの薬味として欠かすことのできない大根について、近年地元出雲で開発された辛味大根をこの項で紹介しておきたい。

そばの薬味の御三家としては、刻みネギ、大根おろし、七味唐辛子が挙げられる。現在は、他にもいろいろなものが提供されていると思う。その中で、辛味の強い大根は昔からそばとの相性が良いと言われてきた。みずみずしく甘いイメージの大根おろしも悪くはない。だが、私はそばには辛味大根が合うと思っている。
島根県では、島根半島の浜辺や宍道湖畔に自生していたハマダイコン（野生種）を選抜育種して生み出した「出雲おろち大根」という辛味大根がある。その名の通り、ヒゲ根の多い形から、ヤマタノオロチを彷彿させる。島根大学生物資源科学部の「出雲産の新しい農産物を作り出す」プロジェクトで開発した新品種である。島根大学の圃場で二〇〇三年から選抜育種したもの。とても辛いが、甘みも含み、薬味に適している。私も種を分けてもらい、自宅の横の畑で栽培した。今は、おのれ生えで何もしないが、時期が来ると花を咲かせヒゲの多い根を作る。ソバと同じでこの大根も生命力の強い植物である。**写真⑥**
「出雲おろち大根」の開発者である島根大学生物資源科学部・小林伸雄教授に、開発経過を語っていただく。

二〇〇三年秋、私たちは島根県内の特産農産物や伝統野菜などの調査を行う中で、出雲地域の斐伊川・宍道湖流域では、斐伊川の土手や宍道湖畔に自生するハマダイコンを「野大根」と称して、手打ちそばの薬味などに利用するという情報を入手し、栽培グループを見学させていただいた。毎年宍道湖畔の自生地から種を採種するため確保が不安定であり、栽培した根部の形質も多様であることが分かり、専門的に選抜育種することを始めた。
ハマダイコンの自生地調査を行ったところ、開花時期のずれ、根部肥大、岐根の多少、辛味の個体差、などがあることが分かったので、二〇〇四年春に宍道湖畔および島根半島の海岸部のハマダイコン自生集団において、約二〇個体を選抜・採種し、島根大学圃場に定植後、自然交配により採種した。以後、辛味大根として利用するための育種目標として、晩抽性（薹立ちが遅い形質）、根部の形状および強い辛味を設定し、これらの育種目標を基準に、毎年個体の選抜と採種を継続した。第四～五世代目くらいから各種形質の固定化傾向が確認されるようになったことから、形質評価や普及に向けた活動を開始し、二〇〇八年に農林水産省の種苗登録申請を行い、島根大学の育成品種として発表した。同年に大学農場での種子の管理と販売を開始し、島根県内生産者の育成と一般普及を進めてきた。二〇一三年一〇月現在栽培している原品種系統は、自生地からの選抜個体から数えて十一世代目の優良個体選抜系統である。

「出雲おろち大根」の栽培管理は、出雲地域を始めとする一般地で九月上旬に播種し、通常の大根栽培に準じて行うことが出来る。現在流通している「出雲おろち大根」については、主要な辛味成分であるイソチオシアネート含量、根部の還元型アスコルビン酸含量、ポリフェノール含量、可溶性固形物含量、および糖組成に関しても、晩抽性、強い辛味、根部形状などについても、より安定した形質を示している。

島根県内における栽培については県東部の出雲地域が中心である。二〇〇八年八月に大学農場からの種子の販売を開始し、県内外の一般普及を目的とした個人消費用の小袋（一ml）と、県内生産者限定で経済栽培用の大袋（三〇ml）とを分けて販売している。二〇一三年度では、約二十の農家や団体が生産者登録しており、栽培総面積は約一ヘクタールに達している。

強い辛味と風味、岐根（ひげ根）の多い独特の形状をした「出雲おろち大根」は、料理専門家、一般消費者、市場関係者の評価は高く、地域の直売所や県外の高級スーパーなどでの販売が着実に拡大してきている。調理時の特徴として、水分が少なくおろした際も汁がほとんど出ないので麺つゆなどを薄めないこと、肉・魚料理の脂との相性が良いこと、また、デンプン質が多いので加熱した際にイモ様の食感が出ることなどから、島根県特産の新香辛野菜、新料理素材として料理人の興味を引き、県内外の各種料理店での業務用流通も増加し、多彩な料理レシピも考案されている。

毎年種子を購入して自家栽培し手打ちそばや各種料理の薬味として利用する地域の人も増加してきており、古くて新しい食文化としての地方野菜「出雲おろち大根」が定着しつつある。私たちは、「出雲おろち大根」が島根県の特産物として地域の食文化に貢献すると同時に、地域活性化の薬味になってくれることを、まさに出雲ならではの「味の縁結び」として活躍することを、期待している。

そばの薬味・搾り汁として古くから重用されてきた辛味大根、その多くは、肉質が堅く水分が少なく、大根の辛味成分であるアリルイソチオシアネートという化学物質（からし油）を多く含む品種である。それらは、在来種の古い地大根に由来するものや、細々と自家栽培で伝えられてきたもの、さらには栽培品種が野生化したもの、逆に野生種を選抜育種したものなど、地域それぞれの特性や独自の個性を受け継いできたものが多い。島根以外の国内で昔からその土地に根付いた地大根を中心に、所と品種名を挙げてみる。

岩手	岩泉町安家地	安家地（あっかじ）大根
秋田	鹿角市松館	松館しぼり大根
福島	大沼郡金山町	あざき大根（弘法大根）
福井	福井市板垣	板垣大根
長野	戸隠村上野	戸隠地大根（上野地大根）
長野	坂城町ねずみ	ねずみ大根
長野	下伊那郡下條村親田	親田辛味大根
長野	千曲市稲荷山	灰原辛味大根
長野	長野市たたら	たたら大根
長野	松本市波田	切葉松本地大根
長野	上田市山口	山口大根
長野	千曲市上平	上平（わってら）大根
滋賀	坂田郡伊吹町大久保	伊吹大根（けっから大根）
京都	京都市北区鷹峯	鷹峯の辛味大根
京都	舞鶴市佐波賀	佐波賀大根
宮崎	椎葉村	すえ大根（平家大根）

大根おろし汁でそばを食べる地域、そばに汁をかけて食べる地域がある。

福井県は、「越前そば〈越前おろしそば〉」といって、そば汁に大根のおろし汁を加える郷土そばを盛んにしている。福井や武生に残る風習で、小浜では「からみそば」というそうだ。

会津では、「高遠そば」が伝わっていて、大根をすりおろした汁に醤油か焼き味噌を溶いたつゆで食べる。

堀杏庵の『中山日録』には、寛永一三年（一六三六）四月四日、松本藩内の贄川宿に泊まった折、そば切りを振舞われたことが書かれており、「蘿蔔汁に醤を加え、薬味にかつお粉・ネギ・ニラを加えた」とある。蘿蔔（らふく）とは大根のことである。

若狭小浜の町民学者・板屋一助が著わした『稚狭考』〈明和四年（一七六七）〉という地誌には「大根の汁にて麺を喰うを丹後、但馬、丹波にて若狭汁といへり」とある。

最後に、辛味大根と言えば、この人を忘れてはいけない。『蕎麦全書』〈寛延四年（一七五一）一〇月脱稿〉の著者、江戸の住人・日新舎友蕎子である。友蕎子さんは、ずいぶんと辛味大根に対する強い思い入れを持った人であった。大根おろしのしぼり汁はピリピリと辛いのがよい、と主張してやまない方である（ただし、今の辛味大根は昔の大根と違って、絞っても全くと言ってよいほど、搾り汁は出ない）。浅草の道光庵で使っている「赤山大根」〈武蔵の国、川口、善光寺の付近〈埼玉県川口市赤山〉でとれる〉、武蔵の国、忍領〈埼玉県行田市忍〉でとれる「うじしり大根」は大変良い品物であると評価している。そして、搾り汁の取り扱い方、貯蔵方法、貯蔵品がない場合の山葵でもって辛味を補うために扱う方法（これは極秘であるので、内密にしておかねばならないと言っている）、夏大根の辛味の出し方など、きめ細かく記述している。日新舎友蕎子著・新島繁校注・藤村和夫訳解『現代語訳「蕎麦全書」伝』（二〇〇六・七・一　ハート出版）の、四四、四九・五〇、五二～五五、一三八、一四五～一四八頁を読んで、友蕎子さんの息づかいを感じていただきたい。

奥出雲町横田の水車小屋と横田小ソバ

昔懐かしい水車小屋を復活させ、町内に活気を取り戻そうと努力している集落が、蕎麦処の仁多郡奥出雲町にある。横田の川西集落である。水車を回し、石臼でソバを挽いている。挽いた粉は、隣りに併設された、集落が運営するそば屋で使う。

かつては、川西集落には十数個所の水車小屋があったというが、時勢の変化でいつしか消えてしまった。昔ののどかな農村を彷彿させる水車は、誰にとっても安らぎと親しみを与えくれる空間施設である。そこで、憩いの場所として整備されたのが、この水車小屋である。

国道三一四号に沿って奥出雲町横田の中心地から南へ約一・五キロメートル行くと、右手に、小道を少し入った所に水車小屋が見える。木造の「ヤマタノオロチ」像の口から、火ならぬ水を噴出する珍しい仕掛けになっていて、見る者をして自然と心和ませてくれる。水車小屋には、二連の搗き臼と一基の石臼があり、水車挽きによるソバの製粉作業が行われている。石臼挽きで一年間に玄ソバ約一・五トンを挽き、挽いた粉は水車小屋の横にあるそば屋で使っている。この水車小屋は平成一六年（二〇〇四）三月に完成している。**写真⑦**

水車小屋とそば屋の管理運営は、世帯数三十戸の川西集落が行っている。川西地区は、地域振興を目的に、蕎麦オーナー制度を導入し、平成一五年（二〇〇三）三月に新しい交流施設が完成したことを契機に、平成一六年五月に有志十七名による「川西そば打ち倶楽部」を結成した。そして、そば打ち体験道場やそば屋の営業などを実施し、蕎麦で誇れる町を目指し、活力あふれる集落づくりに取り組んでいる。現在、そば屋の名称は「水車挽き手打ちそば　川西そば工房」である。

古くから言い伝えられているように、横田は良質のソバを産出してきた土地であり、そこに水車を復活させ、水車挽きのそば屋が存在することは、「出雲そば」にとってうれしい限りである。

水車は、用水から水をポンプアップして引き、「ヤマタノオロチ」像の口から上掛で、直径三メートルの水輪を回す。水受け板に落ちる水量は一秒間に七・五リットル、挽き臼の回転数は一分間に一二回転である。水輪の縦の回転を挽き臼の横の回転に換えるために、欅製の歯車を使っている（水輪軸歯車は外径約八八cm、挽き臼軸歯車は外径約七〇cm）。挽き臼の材質は白御影石である（外径約四五cm、上臼の厚み約二八cm）。臼の目の切り方は、六分画である。

この水車小屋の維持補修については、奥出雲町役場（農林土木課農林管理グループ）の支援を受けている。

水車挽きの手打ちそばを食べたい方は（毎日営業の店ではないので）、詳しくは下記に連絡して行かれるとよい。店に行くと、専業ではないけれど真剣にお客さんに対応している川西集落の店員さんと触れ合い、里山における地域活性化策の実態に自ずと接することになる。

川西そば工房
〒六九九―一八二二　島根県仁多郡奥出雲町下横田九九三―二
営業日　毎月第二・第四日曜日（一月～三月は休み）
問い合わせ先　川西そば打ち倶楽部　代表　小池武徳
TEL（〇八〇）五二三二―四一四八　Fax（〇八五四）五二―三五〇一

在来種横田小ソバ

元松江商工会議所専務理事・太田直行氏が、出雲でおいしいソバとして、第一に挙げたのが「仁多の八川産」であった。そのソバとは、在来種横田小ソバである。名前の通りで、「常陸秋ソバ」、「信濃一号」、「信州大ソバ」、「みやざきおおつぶ」などと比較するとかなりの小粒である。標高、寒暖の差、土質などの自然条件が重なり合って小粒のソバが根付き、香り、旨味が兼ね備わっている。

横田地区では、近年苦労して絶滅寸前の在来種横田小ソバを復活させ栽培している。島根県農業技術センターで保存していた種を元に栽培を始め、ことに横田地区内大谷集落の十一軒の農家が他品種から横田小ソバへ切り替えた。以来、栽培面積は年ごとに広がっている。本書「出雲・三瓶《さんべ》・隠岐のソバ栽培」の項で、数字を挙げたとおりである。喜ばしいことである。ソバは交雑しやすく在来種の保存は多大な労苦を必要とする。長崎県でも対馬在来種を復活させるのに十年かかっている。

一一月上旬に「奥出雲そば街道新そば祭り」と銘打ったそば祭りで、採れたての新そばをお披露目している。上記の川西そば工房もメンバーとして出店している。

横田地区内には、「山県そば」など数軒のそば屋が営業し、横田地区ならではの味を競っている。専業のそば屋以外に、蕎麦を愛する素人のグループがあり、蕎麦の町・横田を盛りたてている。

ワン・ライン『おいしい出雲そばの本』一一二頁で「小八川畜産婦人いきいきグループ」を取り上げているが、写真を見ていただくとわかるように、出雲流の打ち方で麺棒は一本でしかもかなり太い。捏ね鉢は石見焼きで深めである。

栽培適地の横田地区で受け継がれてきた伝統が今後も生き続けることを願うものである。

第三章　蕎麦と粉挽き臼

庭石の代用品になった石臼

蕎麦を語るには、粉挽き臼、手引き石臼のことにも触れねばならない。二つの円盤状の石に目が刻んである石臼の普及によって、蕎麦が日本国内に広まったと言える。そばをこねるには乾いたそば粉がなくてはならない。乾いたそば粉を作るには手挽き石臼が必要であった。石臼あってのそばである、と言っても過言ではないであろう。この項では、蕎麦と密接不可分の関係にあった石臼について記す。

臼のことなら、「臼からの使者」とでも言うべき石臼の研究者、工学博士・粉体工学専攻の故・三輪茂雄氏（一九二七―二〇〇七）に登場していただかねばならない。三輪博士は、一九七〇年代に夢中で石臼を追って日本中を歩き廻られた。日本がいわゆる高度成長で生活様式が大きく変貌しつつある頃で、石臼が庭先に放り出されるようになった頃である。臼の消滅がもたらした現代食生活の変貌とその結末に焦点を絞って、博士は国内を調査して歩かれた。以下、三輪博士の著書『臼』（二〇一〇・五・一〇　法政大学出版局）と『粉』（二〇〇五・六・一　法政大学出版局）から主に抜き書きして臼について述べる。

ロール挽きという製粉方法もあるが、これは金属製の二本のロールを噛み合わせるようにして高速回転させ、そのわずかな隙間を通過させることで粉にする方法であり、本書で取り扱う範疇外のものである。

粉挽き石臼は、上臼と下臼からなり、中心に心棒を差しておいて、挽き木でもって反時計方向に上臼を回しながら、供給口から少しずつソバの実を落としていくのである。そうすると、上臼と下臼の間から粉がこぼれてくるので、「はんぎり」という受け皿で粉を受けるのである。臼には溝が切ってあり、近畿圏は八分画、関東および九州は六分画になっていて、明瞭な分布を示している。他に五分画や七分画もある。島根県は三輪博士の作図された分布図を見ると、八分画と七分画とが分布している。例外的なものとして、松江郷土館収蔵の四分画の臼があった（松江市に確認を入れたが、この四分画の臼は二〇一六年八月現在において所在不明）。希少価値のある臼であるので、どこかに保存されていることを願う。

近年は、手打ちそばが見直されると同時に手挽き石臼もその真価が認識されるようになり、数は少ないと思うが手挽き石臼で製粉するそば屋が出てきているように感じる。手間を惜しまない姿勢が好ましいと思う。

さて、三輪博士の説明により、石臼の歴史をひもといてみる。

奈良、平安時代の文書に粉挽き石臼の存在を明確に示す記述は見つかっていない。大陸では漢代に現れたものがわが国ではそれから千年もの間一般に普及しなかった。そのわけは、①わが国では米の粒食が中心であり、比較的僅かな粉食には、ハタキ臼（搗き臼）で間に合った、②米が主食とはいえ、小作農民は米を年貢米に出すと、手元にはほとんど残らず、雑穀や屑米を粉食にする必要があったが、石臼は非常に高価なもので、庶民の手に入らなかった、③石臼の普及には、石工の技術が前提となり、硬い石の加工技術は鎌倉時代以降になって一般に普及した、④日本の農業は規模が小さい集約農業であり、また生産性の高い道具の普及を故意に抑制する日本の封建制度という社会的要因があった、と言える。粉挽き石臼が広く普及するに至るのは、江戸時代の中頃である。

参考になる古文書を『臼』の一八〇～一八四頁から年代順に拾ってみる。

1．天正三年（一五七五）に武田の老将高坂弾正昌信が記したとされている（江戸初期に小幡景憲が集大成したとも）『甲陽軍鑑』の品第四十の「信玄が若き時、鷹野へ出て在郷の家を見つるに、石臼と云物は、種々の用にたて共、百姓さへ座敷にはあげぬ也」（ただしこれには異説があるという）。

2．『落栗物語』には、「豊臣太閤高野山へ登られし時、挽割の粥を出せと有りしかば、やがて参らす、太閤打ゑみて、此山は石磨なき所と聞きしに、我わり粥を好むによりて、心ききて持登りしならんと大に喜び給ひけり、まことには磨なかりければ、人数多してまな板の上にきざみける也。（後略）」とあるので、この説話通りであれば秀吉の時代に石磨（石臼）の存在が認められる。

3．天和二年（一六八二）に出た『百姓伝記』には、「石臼は士民所帯道具の内、第一重宝なるものなり。五穀雑穀をひきこなし粉にするに、立臼にて、はたくは、捗ゆかず（能率わるく）。石臼に善悪あり。柔かなる石にて切たるは、砂をりて食物に入、悪し。当世、摂津国御影石伊豆を上とす。」（巻十五）とあり、石の粉挽き臼はなくてはならない道具であることが分かる。

4．宝永三年（一七〇六）に出た五老井許六編『風俗文選』には「石臼の頌」が出ており、石臼の驕らぬ姿をたたえ、賢者でさえも俗塵はのがれられぬのに、石臼だけが俗塵にしまず、古も今も同じ姿で、始あり末遂げ、人の飢えを助け、身を養い、末葉も茂る栄えの功徳があり、愛すべきものだと言っている。

次に三輪博士が現地調査された出土品を年代順に並べ替えて記す（年代の不明なものは省く）。『臼』の一八五～二一二頁の中、「2　中世遺跡などからの出土例」より。

1．南蛮寺跡（京都市中京区）

南蛮寺は天正三年（一五七五）に着工、天正一五年（一五八七）には閉鎖されている。その遺構六の礫囲いの炉に石臼が使われていた。花崗岩。八分画七溝。室町期。

2．京都、同志社女子大学校地内

白川石とみられる花崗岩製で、南蛮寺の石臼に近い。八分画五溝。室町期。
3．平安京跡（京都市中京区壬生）
井戸跡から臼二点が出土。花崗岩。八分画八溝。戦国時代。
4．一乗谷朝倉氏遺跡（福井市城戸ノ内町）
上臼二分の一片、下臼二分の一片。天正元年（一五七三）以前のもの。
5．中村館跡（福島県郡山市片平町菱池）
伊達政宗に味方したために、佐竹義重の遠征軍に攻められ籠城者二百余人が全滅した館跡である。石臼は、直径二〇～二五センチ、厚さ約一〇センチのものが二〇個体近く出土（発掘担当者であった郡山地方史研究会会長・田中正能氏の報告による）、郡山市教育委員会で保管。火薬製造に使った形跡があるという。天正一三年（一五八五）。
6．吉岡城跡（長野県下伊那郡下条村）
城へ上がる石垣の中から上臼片が出ている。安山岩。分画は不明。天正一五年（一五八七）以前、室町期まで遡る可能性が強い。
7．八王子城跡（東京都八王子市元八王子町）
砂岩、五日市の伊那石と考えられる。伊那の石工集団が作ったと推定されている。六分画、十一～十二溝のものと、四～五溝ものとがある。天正一八年（一五九〇）。
8．立野城跡（奈良県生駒郡三郷町立野）
凝灰岩。八分画四溝。江戸初期以前。

9. 青戸・葛西城址（東京都葛飾区青戸）

徳川の出城が存在したところとされ、家康・秀忠・家光が三代にわたって狩猟をおこなった記録がある。安山岩質。分画は明瞭でないが、六分画が多い。明暦三年（一六五七）か（?）。

10. 伝氷室跡（高知県土佐郡川本越裏門）

標高一八〇六メートルの手箱山頂をやや下った所にある伝氷室跡から出土。出土した高度では日本一。名野川谷産の砂岩。八分画三～四溝。五分画五溝もあり、これは名野川谷に多い輝緑凝灰岩で作っている。寛文・延宝年間（一六六一～一六八一）。

11. 瑞蓮寺（山梨県東八代郡一宮町田中）

山門から本堂に至る参道に千個を超える石臼が敷き詰められている。突然石臼が不要になるような事件、例えば水車の出現があったかもしれない（?）。甲州では寛延三年（一七五〇）に三宅権十郎なる者が水車を作った。大部分は黒い安山岩で、赤味がかかった安山岩も見られる。大部分が六分画、八分画のものは数組。古い臼と新しい臼とが混在している。安永年間（一七七二～一七八〇）。

12. 堺市大町西遺跡（大阪府堺市大町）

完全な下臼一点。和泉砂岩系。八分画五溝。文政元年（一八一八）以前。

13. 八幡山遺跡（東京都世田谷区）

四点の臼片、安山岩。二点の上臼四分の一片は、六分画十四溝。江戸時代。

14. 京都、同志社大学校地内（上京区新町）

曲谷臼の可能性が強い。八分画四～五溝。上臼は「竹たが締挽手溝」を有している。江戸時代後期。

石臼が食生活に与えた影響

三輪博士のこまやかな実地調査を土台にした体系的論究の御蔭で、私たちは古文書と出土品を通して石臼という史実を確認することが出来た。室町、戦国時代が終わり、徳川幕藩体制が確立すると、東海の島国日本は鎖国により外国からの影響を受けない二百六十余年の太平が、文化の純粋培養による独自の文化を花開かせた。当時は「百姓は米を食うな」と言われていたという。米は年貢として取り立てられ、残るのは、屑米やソバ、稗、粟、黍などの雑穀である。前の時代から普及してきた石臼の技術は、百姓にとって思いがけない利用の道を開いた。屑米はそのままではまずいが、粉に挽いて団子にすれば食える。天明の飢饉の言い伝えに「粉にすれば何でも食べられる」というのがある。粉にしたら、壁土も食えるとか。杵と臼よりもはるかに粉にする能率が高い石臼の出現は百姓の飢饉への耐性を高めた。石臼出現の効果は、保存性の良い乾粉が簡単に作れることである。ソバは、もろくて、挽きやすいから粉にしやすい。外皮は細かく砕けずに、臼の目から出てくる。そこで、ふるい分ければ除かれる。

今ではすっかり姿を消してしまった石臼。大正末期から昭和初年にかけてしだいに動力製粉に委ねられてゆき、石臼は片隅で細々と生き続けてきた。ところが、一時的に昭和二〇年（一九四五）前後、戦争による食糧難時代は（ことに都市部において厳しかった）、思いがけない石臼の復活をもたらした。しかし、これを最後に、戦後の復興とそれに続く高度経済成長時代の波は、臼を完全に捨て去った。初期の電動製粉機や豆腐屋の石臼も、次第に鋼製の高速粉砕機やグラインディングホイールに置き換わっていった。同時に、都会では家庭の行事であった餅つきも専業の餅屋の仕事に替わっていった。それに追い打ちをかけるように、一九七〇年代に出現した電動餅つき機は、都会のみならず田舎へまでも誰あろう農協の手によって普及し、餅つき臼を駆逐する役割を果たした。食生活にとって欠くことのできない臼が、祖先たちの労働の中で生み出されてきたものであることを思う時、そこには、汗と涙にまみれた歴史の重みがある。だんご、うどん、そうめん、そば、豆腐、黄粉、香煎、これらは皆粉挽き臼から作り出される庶民の食品であった。

臼を挽け挽け　団子して食わしょ
芋にかぶ菜を　切りまぜて
臼を挽け挽け　団子して食わしょ
臼を挽かねば　またお粥

単調な食生活にバリエーションを与えるのに、粉挽き臼による粉食は大きな役割を果たし、子どもたちにとっては、楽しいおやつを作ってくれる、大切な石臼であった。

石臼の伝来と普及の歴史は、食生活の面から考究することも大切である。民俗学者の柳田国男氏は、粉挽き臼が、わが国の食物史およびその民俗の研究に当たって、極めて重要なポイントであることを指摘した。著書『木綿以前の事』に収められている「餅と臼と擂鉢」、「団子と昔話」という題で食物の変遷を論じている。柳田氏は、古い時代には食物に晴（はれ）の食物と褻（け）の食物との区別が存在し、「け」というのは日常の意である、と言う。古い時代には粉にする道具が未発達であったから、団子などは「はれ」の食物であった。それが臼の発達、とくに石の粉挽き臼の普及によって、「け」の食物に順次移行し、日本人の食生活にまさに革命的な変化が起こったと述べている。乾式粉砕による乾粉の保存性に注目し、調理の際直ちに使用できる乾粉の出現が、食生活の革命のポイントであると指摘している。

石屋について

現存の石臼の大部分は、江戸末期から、明治、大正にかけて、専業の石屋が大量に生産し、商品化した形態で、かなり広い地域にわたって普及させたものである。この種の臼は特定の産地の石材を使い、決まった手法で作るから、特定の形態と特徴を備えている。そして、かなり広い地域にわたって分布している。したがって、特定の地方に支配的な臼の形態が発見されるときは、その近くのどこかに臼の大量生産地が存在したことを示している。同時に石臼の普及を必要とした粉食形態の発生を想定できる。

だが、大量生産地の外で、どれにも属さず、しかも狭い地域に限って分布している石臼が発見される。これらは、より小規模な産地の存在、あるいはさらに小規模で特定の石屋が、小さな丁場から得た石で製作し、限られた地域に出したものである。

例えば、島根県松江市から忌部かけては、種々の石が使われ、この地方に支配的な特定の臼は見い出せない、と三輪博士は書いておられる。ではあるが、三輪博士の調査で、出雲部においても、石臼を作る石屋の存在を確認できたことはうれしいことである。

三輪博士が、鋼鉄製の高速粉砕機は、量的な生産力においては優れているが、高速粉砕時の変質や、機械から来る有害物質の混入、過度の粉砕物による生理的危険などの問題も潜めていると述べて、「現代技術は未だ石臼を追い越していない」と言明しておられることを心したいと思う。そして、著書『臼』の「あとがき」に「本書からもれてしまった大切な発見の一つは高遠石工の問題である。第八章で石工太良兵衛についてふれたが、それがきっかけとなって、高遠石工の作風を示す石臼の特徴が明らかになりつつあり、越後から奥州へかけての分布を石臼によって追う仕事が目下進んでいる。」と書いておられることが私は気になる。高遠は高遠そばの発祥地であり、高遠石工は石仏、石塔などとともに石臼を作っている。高遠の蕎麦と石臼はどう関連していたのか、そば切りの伝播に高遠石工はどのような影響を与えたのか、博士にお尋ねしたいところであったが、他界されてかなわないことが無念である。

高遠石工について

ここまで書いてきたある日、インターネット上で「稀代の名工・石工太良兵衛―信州石工の流れを追う旅―」という文章を見つけた。読んでみると、三輪茂雄博士の書かれたものであった。多少文脈の乱れ、誤字、脱字はあるものの、内容は高遠石工の石臼を探して歩かれた探訪記であり、最初の文章は九頁の構成、二番目は七頁、さらに「高遠臼は会津にもあった探訪記」と題するものが一〇頁にわたっている。何度か読み直し、地図を広げて博士の足跡を追ったうえで、私なりに博士が実地検分された訪問先を整理し書き出して要約すると、蕎麦所で名高い地名が出て来た。塩尻、松本、戸隠、高遠、会津、桧枝岐などである。やはり石臼と蕎麦は連動している。博士はこの文章の書き出し部分で「石臼は霊が籠っており、人を呼ぶ。」と言っておられる。三部構成の文章の中から博士の訪問先を羅列する。博士が名工と讃える石工・太良兵衛（一七九〇―一八五〇）は、高遠からの出稼ぎ石工であった吉右衛門を父に持ち、新潟県南魚沼市六日町舞台に生家があった。

1．山形県

西置賜郡飯豊町（ここでは博士が命名した「小国臼」を調査）

2．新潟県

南魚沼市六日町舞台　大塚喜策氏（太良兵衛から数えて六代目に当たる）

ここで、迫力ある名品の石臼を見て博士は「あ、これだ」と感嘆された。この後、四国の東祖谷村の平家屋敷の石臼に出会うまではこれほどの名品に会うことがなかったと博士は言われる。太良兵衛の刻印「カネ三角印」を確認。

南魚沼市六日町　飯綱考古博物館

3．長野県

塩尻市桟敷　高津英明氏

松本市寿　清水達也氏
松本市中山字槇原、仙石の畑
長野市戸隠　戸隠民俗館、大日方そば工場、木村石材店
長野市鬼無里
上水内郡信濃町柏原　一茶記念館
上水内郡信濃町二の倉　北村誠氏、小林かる氏
飯山市　松沢芳宏氏、静間小太郎館跡、北畑館跡、田中清市郎氏、小林政則氏
木曽郡木曽町日吉　徳音寺（木曽義仲ゆかりの寺）
上伊那郡宮田村　向山雅重氏
伊那市高遠町　北原石材店、森隆治氏

4．福島県（郡山地方史研究会会長の田中正能氏からの申し出で石臼の調査をされた）
耶麻郡猪苗代町　野口記念館、会津民俗館
郡山市　中村館跡
須賀川市長沼町　民家、郷土館
南会津郡南会津町　奥会津博物館（太良兵衛の石臼に匹敵する完璧な作）、奥会津博物館南郷館、南郷総合センター、木伏の土橋武吉氏
南会津郡桧枝岐村

会津についての探訪記の中で、博士は「会津藩主保科氏は信州高遠藩から出羽山形を経て移封された大名であった。そして田中（正能）氏によると石工を伴って来たことも確かで、偽書の恐れもあるが、高遠石工の文書も発見されているという」と述べておられる。田中正能会長が、保科正之公が移封された時に石工を伴って来たと言われることを確認するために、私は郡山地方史研究会の事務局と思われる所、郡山市歴史資料館に連絡を入れた。資料館の柳田春子氏と電話で話してみると、三輪博士の文章を読んだうえでの返事は、そのような文書は知らないということであった。すでに田中会長も他界されていて、確認のしようがないとも言われた（また、資料館は事務局ではなく郵便物を受けているだけであった）。そして、二日後に大部の史料が送ってきた。会津若松史出版委員会『会津若松史第二巻　築かれた会津』（一九六五・四・二二　会津若松市）の「第四章　会津藩の確立　第一節　保科氏と初期の藩政」および「第五章　会津城と城下　第三節　商工業のしくみ　3．城下町の手工業」と、『会津若松史第九巻　史料編Ⅱ』（一九六七・三・二六）の「初代正之　二代正経　三代正容」のコピー（一〇七頁分）であった。送っていただいた史料を読んだが、件の記述は見当たらなかった。石工のことはわからなかったが、おかげで初代正之公の治世の様子を少し知ることが出来た。また、柳田様がおっしゃった福島県立博物館にも問い合わせしたが、ここにもそのような文書はないと担当者から連絡があった。残念なことに、私が知りたかった蕎麦のことや石工のことについての文書は見つからなかった。

なぜ石臼挽きがうまいのか

三輪博士は「稀代の名工石工太良兵衛」を追った石臼探求の文章の中で、「なぜ石臼挽きがうまいのか」ということについて言及しておられる。その秘密は一言では言い尽くせないと断ったうえで、データを示しておられる。石臼挽きの長所を解析されていると思うので、付け加えておく。

絹網（SS-シフター）を用い粒度測定をしたところ、その結果、ロール製粉は粒度がよく揃っているのに対し、石臼挽きは広い粒度分布を示し（ブレンディング効果を示していると考えられる）、特に六十メッシュ上の粗い粉は風味を出すのに役立ち、百八十メッシュ下の微粉が多いことが分かる。

光学顕微鏡で観察した印象は、石臼の場合、巨大な岩石に粉をまぶした感じであり、ロール挽きの場合は、無色透明で粒揃いの薬品結晶状態であり、胴搗きの場合は、大きい粒はすべて白色不透明で、不規則扁平粒が多くそれに細かい粒がまぶされている状態である。

第四章　そば屋の変遷（蕎麦は世に連れ）

江戸のそば屋

そばは主食ではないが、大切な補助食として日本人の食生活に変化を与え庶民的あるいは純日本的な、一つの情緒を作り出している。手打ちそばの歯切れ、歯ごたえ、舌ざわり、それに加えて咽喉越しの「ズズーッ」とすすり込むあの不作法さ、日本人はそば好きである。

江戸幕府成立以来、江戸に伝わったそば切りは初め庶民の食べ物として繁栄し、やがて上流貴人の食膳にも上り、上下貴賤を問わず賞味されてきた。大都市・江戸で、そばは食生活の一地位から食文化、料理文化へと高みに登っていった歴史がある。そして、江戸から東京に替わっても、江戸そばは変わることなく継承され発展していった。政治・経済の中心地、日本の首都・東京はあらゆる面で全国に大きな影響を及ぼし今日に至っている。麺類業界もまた然りである。

この章では、人の命をつなぐ食の一分野を担うそば屋の、世情の変転に伴う動向・推移と麺類業界の全国組織の活動を記し、最後に簡単に上方（京都・大阪）のそばについて述べる。出雲そばとはあまり関係がなさそうな江戸そばや、東京や上方のそば屋のことを書くのは無用のことと思われるかもしれないが、国内における出雲そばの位置を知るために必要であると考える。

出雲そばは江戸そばの影響を直接的には受けていない。だが、麺類業界全体の動きの中にあって出雲そばは、運動体として東京の麺類業界から刺激を受けてきたはずである。出雲そばの知名度を上げるための活動はそのことと無縁ではないはずである。

そこで、まず簡単に江戸そばについて触れておくことにする。

慶長八年（一六〇三）に徳川家康が江戸幕府を樹立した。江戸にそば切りが入ってきて、それが庶民の嗜好とも合い、昨今のファーストフード的な受け入れ方で普及し、蕎麦文化を形成していくのは江戸中期以降である。「江戸っ子」「江戸前」と表現されるような江戸の食文化の大半は十八世紀後半の頃に開花した。江戸のそば屋の発展経過を、東京都麺類協同組発行の『麺業五十年史』（一九五九・一一・一二）、新島繁『蕎麦年代記』（二〇〇二・一一・二五　柴田書店）、松下幸子『江戸料理読本』（二〇一二・九・一〇　筑摩書房）、飯野亮一『すし　天ぷら　蕎麦　うなぎ』（二〇一六・七・三〇　筑摩書房）を参考にして概略を記す。

江戸におけるそば切りの初見は、慈性（京都の天台宗・尊勝院住持と多賀大社不動院を兼務）という人の日記『慈性日記』の慶長一九年（一六一四）二月三日の条である。慈性は仲間とともに江戸で評判になっている風呂屋に行くが、込んでいて入れず、戻ってきてそば切りの振る舞いにあずかっている。そば切りを振舞ったのは、江戸に逗留していた天台僧のグループである。振舞われた場所については、従来は「常明寺」とする説が強かったが、小伝馬町の「東光院（天台宗）」であろうという説が最近出ている。

寛永一一年（一六三四）、幕府は譜代大名の妻子に江戸住まいを命じた。

寛永年間（一六二四〜一六四四）には、そば切りが売買されるようになっていた。寛永一九年（一六四二）に、前年より続いた凶作のため（「寛永の飢饉」）、飢饉対策上必要な十一か条の法令が関東を中心にした幕府領に出され、そば切りの売買が禁じられている。

寛永二〇年（一六四三）に『料理物語』が刊行されている。著者は不明。その中のそば切りの製法に関して、飯のとり湯か、ぬるま湯でこねるか、あるいは豆腐つなぎにすることしか書かれていない。当時は、つなぎに小麦粉を使っていないことが分かる。さらに、釜から揚げたそばをぬるま湯で洗い、その後熱湯をかけ水気を切って温かいうちに供している点が、現在の冷水で洗い冷たくして食べるのとは違っている。

明暦三年（一六五七）江戸で大火（「明暦の大火」）。大火後、幕府は防災都市づくりをしたが、火災は絶えなかった。そこで、奉行所は火災予防上、火を使う商売の夜間営業を禁止する町触を寛文元年（一六六一）以降繰り出している。

寛文二年（一六六二）、江戸で一杯盛り切りのけんどんそばが始まった。

寛文八年（一六六八）に、塩見坂梅庵が『料理塩梅集』と題する料理書を書いており、そば切りの製法を詳しく記している。その中で、そば粉が夏には劣化して鮮度が悪くなるので、つなぎに小麦粉を使うとよいと言っている。つなぎに小麦粉を使うことが初めて記述された書である。

延宝五年（一六七七）に『江戸雀』が刊行され、大名屋敷およそ五百二十余り、小名屋敷およそ二千八百七十余り、寺院の数八百五十、神社の数百二十、町数九百、橋梁二百七十、街路の延長八十余里と、これだけの大工事がその間に完成したと記録している。したがって、この間に麺類店が活発な商売をしたであろうと想像することができよう。「けんどんそば切り」の看板をあげた店は活気だっていただろう。

延宝八年（一六八〇）に刊行された『江戸方角安見図鑑』に、旅籠町は奥州街道に面して両側に町家が並び、そば屋が立ち並び、それぞれが蒸しそば切りを売っている光景が描写されている（飯野亮一『すし　天ぷら　蕎麦　うなぎ』三六頁）。

元禄年間（一六八八～一七〇三）に深大寺の住職が寛永寺三世（輪王寺門跡・天台座主・法親王）に、自坊で打ったそば切りを献上したことがきっかけで有名になり、深大寺のそばは江戸でも評判になった。

元禄二年（一六八九）刊行の『合類日用料理抄』は「蕎麦切の方」の中で、「打様はつねのごとくにして、ゆで申候。能ゆだり申候時、桶に水を入さっと洗、笊（いかき）へあげ申候。（中略）又上から能にえ湯をかけ申候。」と記述しているので、水洗いの後に熱湯をかけている点が『料理物語』と同じである。

新島繁氏によると、貞享・元禄の頃は蒸しそば切りが流行していたという。

正徳三年（一七一三）の『和漢三才図会』には「蕎麦切」の項に、「沸湯に投じて略之れを煮て、洗浄して醤油の汁を用ゐて之れを食ふ。」とあり、茹でた麺を水洗いしてそばを食べていたことが窺える。

享保一三年（一七二八）のこと、「温飩商売人」たちが、組合を結成することを許可してもらえないかと町年寄に願い出ている。その中にはそば屋も含まれていた（江戸初期には饂飩屋がそば切りも売っていた）。享保年間（一七一六～一七三六）は、うどん屋優勢の時代だったが、そうした中でも、そば切りの名店が現れた。菊岡沾涼『続江戸砂子』（享保二〇年）「江府名産」には、そば切りの名店が紹介されている。「ひやうたん屋そば切」「雑司谷蕎麦切」「同所藪の蕎麦切」「洲崎の蕎麦切」「道光庵の蕎麦切」。

この『続江戸砂子』には、ソバの産地について、信州産は生産量が多く、品質が最も優れ、江戸のそば屋は信州産を多く使っていること、関東や江戸近郊でも良質のソバが生産されていることと、を記している。

享保の中頃には、「二八即座けんどん」の看板を出し、うどんやそばを即座に出す店が流行している。「二八」はそばの売値を表していると飯野亮一氏は主張している（『すし　天ぷら　蕎麦うなぎ』七一～七七頁）。

享保一四年（一七二九）にも、火災予防上、夜そば売りが名指しで取締りの対象にされている。この頃には夜そば売りの数が増え、町を巡っていたことが分かる。やがて、元文年間（一七三六～一七四〇）頃に夜鷹そばが、宝暦年間（一七五一～一七六三）頃に風鈴そばが現れたと思われる。江戸は、うどんの町からそばの町へと移り変わりつつあるが、寛延四年（宝暦元年、一七五一）一〇月に、日新舎友蕎子が脱稿した稿本『蕎麦全書』には多くのそば屋の名前が挙げられている。

『蕎麦全書』は、当時の江戸城下のそば屋の実況を活写して余すところがなく、加えて、著者自らそばを打つだけに、根源をついた意見が聞かれ、現在にも通じる点が少なくない。「有楽町・更科」四代目の藤村和夫氏は、新島繁氏が校注した原稿に訳解をつけて、平成一八年（二〇〇六）に『現代語訳「蕎麦全書」伝』をハート出版から出している。蕎麦に関わる方に一読を勧めたい。

日新舎友蕎子は中で水洗いについて次のように説いている。

冷水の中へ投じ入、水四五遍換へて能洗ひて、水の清浄になるを度とす。其水清潔なる迄洗はざる時は、粘りさらずして、乾して後粘着する物なり。よく水の澄む迄洗ひ、亀の甲ざるの中へ揚げ、又二三反も上より水を上よりむらなく懸ると、よくねばり去る物なり。

現代でも、熱とぬめりを取るため洗い冷水で締めるのと同様に、「洗い」の大切なことを述べている。しかし、日新舎友蕎子の「家製の方法」は、この後さらに大変な手間をかけるやり方なので、現代の方法との違いがある。

安永〜天明年間（一七七二〜一七八八）にかけて、江戸はうどんの町からそばの町になっていったようだが、その要因は、ソバの産地に恵まれたこと、二八そばが生まれてそばの値段が安定したこと、夜そば売りの数が増えてそばが江戸の住人になじみやすい食べ物になったこと、そばに合ったそば汁が生まれたこと、そばのすっきりした味や粋な感じが江戸っ子の気質にマッチしたこと、などが考えられる。江戸においては、そばが経年とともに定着していくにつれ、そば屋の客層は初め中流階級以下に限られていたが、やがて、天明年間（一七八一〜一七八八）になると立派な店構えをしたそば屋が現れ、上流階級に客層を広げていく。

天明五年（一七八五）頃、江戸市中で屋台店（すし、蒲焼、そば、天ぷらなど）が多くなる。

文化八年（一八一一）に行われた「食類商売人」数の調査で、江戸の「饂飩屋蕎麦切屋」の数は、七百十八軒と報告されているという（飯野亮一『すし　天ぷら　蕎麦　うなぎ』一一四頁）。その後もそば屋の数は七百軒位の時代が続き、幕末頃までも七百軒位だったという。

文政二年（一八一九）頃に、江戸に料理茶屋が多く出来て繁盛する。

文政五年（一八二二）頃に、江戸でにぎり鮨が作られる。

紀州藩の勤番武士・酒井伴四郎は、万延元年（一八六〇）五月二九日に江戸に着任してから一一月末まで、江戸での暮らしを毎日欠かさず日記に記しているが、彼は頻繁に外食し、一番多くそば屋に寄っていて、その内、よく酒を飲んでいる。「そば屋酒」「そば前」という言葉があるように、そば屋ではうまい酒が飲めたようだ。この酒井伴四郎の日記を翻刻した最近の著作、青木直己『下級武士の食日記』（二〇一六・九・一〇　筑摩書房）五五頁を読むと、「伴四郎は外食にそば屋をいちばん多く利用しています。万延元年十一月から一年間に三十一回もそばを食べていますが、そのうち十四回は酒も一緒に飲んでいます」、とある。

慶応四年＝明治元年（一八六八）、江戸城が明治政府軍に明け渡される。時代は江戸から明治へと動き、一気に加速して世の中は一変する。人の命をつなぐ食の一分野である、そばを商うそば屋はどのように変転するのか、麺類業界はいかような動きをするのか。日本の中心地である東京都の麺類業界の進展を次に見てみる。明治維新後の東京都麺類協同組合は東京都のみならず日本国内の麺類業界に大きな役割を果たしてきている。その経過を近年まで追うこととする。

明治維新後の東京都麺類協同組合

明治維新後の国内麺類業界の世情の変転に伴う動向・推移は、東京都の業界の動きを見ることによって推測することが可能だろうと思う。また、出雲地方の蕎麦業界もそれに連動していたのではないだろうか。そこで、江戸時代のそば屋の叙述と同様に、東京都麺類協同組合『麺業五十年史』を土台にして、東京都麺類協同組合の活動を昭和三三年（一九五八）まで概略追ってみる。

明治維新は江戸の様相を一変させたが、麺類業は市民の口とつながる商売だけに他の営業とは違う強みを持っていた。町家の隅々まで入っていた二八のそば・うどん屋は減るどころか却って増えたようだ。明治元年（一八六八）ごろに至って麺類店が増えた事実の裏には、株仲間という同業者の統合機関が幕府の崩壊と同時にほとんどその権威を失墜していたという理由があることである。そして株仲間の解体を契機として、いよいよ業界も文明開化の新風に煽られ、徐々に同業組合結成への胎動を起こし始めて行った。万延元年（一八六〇）の江戸のそば屋の大寄合に匹敵するような大会合が東京の業者間で行われた。明治二九年（一八九六）一一月、市内五百余店が一堂に会し、大同団結をはかった。日清、日露戦争に勝利した戦勝景気を背景に、自然と市民の消費が活発になった。

明治四五年（一九一二）五月、「東京蕎麦饂飩商組合」結成。

昭和　四年（一九二九）九月、「大東京蕎麦商組合」に改称。組合員二千名を突破。

昭和　九年（一九三四）、組合創立二十五周年を記念し、記念総会を開催し、また記念事業として昭和一一年（一九三六）五月に新宿三越で「そば展覧会」を開催した。

東京の麺類業界の気勢が上がる中にあって昭和八年（一九三三）五月、大日本麺類業組合同盟会の全国大会が京都で挙行された。以後、全国各地の業界が主催して回を重ねた。この全国同盟会は、昭和六年（一九三一）五月に創立総会が開かれて以降、東京の業界と並行して、不即不離の関係で発展していった。

昭和一五年（一九四〇）九月、「東京蕎麦商業組合」に改組（東京全市）。

昭和一八年（一九四三）、六月から一〇月まで三期に分けて一千名の組合員を北海道十勝方面への援農隊として派遣した。北海道の農業支援、蕎麦不足の解消などを目的として、農林省支援のもとに組合本部が全機能をあげて遂行し、東京商人の気骨を示した。援農隊員は同業三千人の代表なのだという思いを胸に抱き、そして互いに百年の旧知かのような友人の間柄になった。

第二次世界大戦の戦局の悪化につれ統制に次ぐ統制の枠に縛られて麺業店の営業は難渋を極めたものだった。蕎麦粉は昭和一六年（一九四一）一〇月実施の「雑穀配給統制規則」によって統制された。当時国内における玄ソバの産額は四十万石余、その内東京市内の推定消費量は二十万袋内外であった。昭和一八年度は、実績の少ない組合員の店舗では一か月に僅か一袋とかの配給で、せいぜい二、三日の営業さえ困難であった。昭和一八年（一九四三）の暮、満州開拓義勇隊が収穫した玄ソバ一万石を明治神宮に奉献することになり、奉献の後に組合が下げ渡しを受け、歳末に「大晦日そば」として発売したが、組合員の喜びは干天に慈雨を得たたとえの通りであった。

第二次世界大戦終了後の麺類業界

昭和二〇年（一九四五）八月一五日、第二次世界大戦は終わった。昭和六年（一九三一）九月の満州事変以来十四年にわたる戦争に、国民の戦意は限度を越して麻痺状態になっていた。無条件降伏に抵抗するほどの気力もなく、ただ茫然自失していた。国民は内心では戦争を呪い、とめどを知らない好戦族の犠牲になることを恐れていただろう。アメリカ軍総帥マッカーサー元帥が、進駐軍が日本にやってきて、明日という日の不安に駆りたてられ、絶望感に震える国民は、ただ生きるための食糧探しに狂奔することになった。

飢餓と混乱の内に終戦の年を送った日本は、明けて昭和二一年（一九四六）、いよいよ国民自身が自分で自分の食糧を入手しなければならない状態に追い詰められた。飲食業者も同様であった。昭和二一年六月四日からの料理屋待合に対する営業停止令、翌昭和二二年（一九四七）六月一日の停止令は飲食業の営業再開を遅延させた最大の事件であった。このことが却って闇商売や裏口営業を流行させる結果となった。こうした絶望的な条件下にあって、業界は配給小麦粉による麺類委託加工に血路を開こうとした。

客が持参の配給小麦粉を使って客の食事に便宜を与えるだけのサービスであり、まことに微々たる副業にすぎなかった。組合は、営業再開という大目標の下に結束して、再開の端緒をつかもうと努力した。この努力が、業界再興の基盤となった、茹で麺発売の機運を作った原動力であった。昭和二二年七月から昭和二四年（一九四九）七月に至る二年間の活動がやがて実を結ぶことになる。


昭和二二年（一九四七）七月、「東京都蕎麦商業協同組合」に改組。

昭和二四年（一九四九）三月、東京都の指定に基づき、茹で麺の加工配給業務が開始され、八百余の組合員も生業再興の緒につくことが出来た。

昭和二五年（一九五〇）三月、「東京都麺類協同組合」に改組。

一方、組合は戦時中から玄ソバの増産集荷運動を行っていた。運動が実を結んだ結果となって、昭和二二年一二月三〇日付で食糧管理局から「蕎麦の集荷並に配給に関する特別措置要領」が全国各都道府県に指示されることになった。昭和二四年に茨城県産の玄ソバ三千石（四十五キロ詰一万三千俵）が東京都に入った。昭和二五年には政府手持ちの玄ソバの払い下げにも応じた。また、雑穀統制排除後は全国の生産地と直結して、年間十万袋を委託製粉し安価に配給していた。

一方、小麦粉も卸業登録によって完全につかむことが出来た。

終戦直後の食糧危機から苦しい年月が続くうちに日本の国情はめまぐるしく変化し、戦争裁判や、財閥解体、農地解放、新円切り替えなどの変革が行われる一方で、進駐軍によって植えつけられた自由主義とアメリカ的な風俗が次第に日本人の生活に浸透していった。

昭和二六年（一九五一）四月、食糧配給公団の廃止を受けて民営の米屋に配給制が移され、昭和二七年（一九五二）六月からは麦も自由販売となり、米以外の食糧は統制から外された。昭和二六年四月には傘下の麺類食堂が千三百五十八店にもなった。昭和二五年に始まった朝鮮戦争の影響もあって、昭和二六年は飲食店が長い禁制から解かれた年でもあり、都内の復興は目覚ましいものがあった。

組合はソバ製粉の直営工場を建設する計画を立て、昭和二八年（一九五三）、前年に立ち上げた「東京麺業株式会社」という組織の下、製粉工場を建設し翌年から操業した。

昭和三〇年（一九五五）、野川喜八理事長は藍綬褒章を受章した。

昭和二八、二九年の二年続きでアメリカの小麦は未曽有の豊作が続き、アメリカ北部・オレゴン州の小麦栽培者連盟が消費市場開拓のため日本の農林省に働きかけ、日米協力麺食普及運動が始まることになった。麺類業界もこれに加わることによって、業界が大きく飛躍するきっかけともなった。麺類業界は他の四団体とともに万全の準備を完了し、昭和三二年（一九五七）一〇月二七日から一一月五日までを期間とし、全国一斉に「めん類まつり」を開催した。初めてテレビ放送まで使って全国規模での麺類業界初の一大イベントとなった。「毎日一食うどんそば」と染め抜いたのぼり旗が店先に立てられた。

昭和三三年（一九五八）一一月、「調理師法」が施行された。

昭和三三年、組合は創立五十周年を迎え、翌昭和三四年に『麺業五十年誌』を発行した。

最後に、麺類業界の全国組織である「日本麺類業組合連合会」の全国大会の年次経過を記す。

第　一回	昭和二三年	九月	東京本部
第　二回	昭和二四年	六月	箱根環翠楼
第　三回	昭和二五年	六月	飯坂温泉
第　四回	昭和二六年	三月	熱浦大野屋
第　五回	昭和二七年	五月	東京雅叙園
第　六回	昭和二七年	一〇月	東京本部
第　七回	昭和二八年	六月	湯河原翠明館
第　八回	昭和二八年	八月	東京本部
第　九回	昭和二八年	一〇月	鬼怒川温泉鬼怒川別館
第一〇回	昭和二九年	五月	長岡温泉山田屋
第一一回	昭和三〇年	五月	金沢白雲楼
第一二回	昭和三一年	五月	阿倍野唐崎寮
第一三回	昭和三二年	五月	三谷温泉
第一四回	昭和三三年	五月	銚子公正市民館
第一五回	昭和三四年	五月	神戸新聞会館

【付記】戦後に東京へ出て出雲そばの店を開店した藤井定吉氏を盛りたてようと、昭和三三年（一九五八）一〇月七日に、「出雲そば本家後援会」が発足した。政財界など著名人六十人余りが集まり、出雲そば本家の二階で会合を持った。翌月の一一月一八日に第一回の「出雲そば会」を文京区の椿山荘で三百人余りの出席者を得て開催した。会の役員の一人に出雲出身の加藤弁三郎氏がいて、会長には当時労働大臣であった石田博英氏が就いていた。顧問には吉田茂氏が名前を出していた。出雲そば本家は、東京における出雲そばの名店として、出雲そばのＰＲ塔として、神田神保町で長らく営業していたが、残念なことに今はない。――二〇一六年一一月三〇日、川上正夫

昭和三四年以降の蕎麦業界の進展

戦後復興を遂げた日本が経済大国の道を歩み始めて行く中で、蕎麦業界も発展していく。その過程を東京都麺類協同組合発行『百年史』（二〇一二・二・一五）をもとに簡単に抜き書きする。昭和三四年以降の業界の発展は、日本麺類業組合連合会（昭和五八年八月一日付で、社団法人日本麺類業団体連合会に改組。今日まで引き継がれている）主導の力が大きく働いていると思われる。

昭和三四年（一九五九）八月、第一回の「風流そば展」が東京日本橋・三越本店で開催された。東京都麺類協同組合（略して東麺協）と日本麺類業組合連合会（略して日麺連）の主催。そば展

は昭和四一年（一九六六）の七回目まで行われた。

前年の日麺連とアメリカ小麦連合会との提携により、家庭の主婦を対象にした「粉食普及講習会」が、昭和三五年（一九六〇）四月に福岡・岩田屋デパートから始まり、全国主要十都市で地元を代表するデパートを会場にして一一月まで行われた。

昭和三六年（一九六一）七月、東麺協理事長、日麺連会長であった野川喜八氏が逝去された。

蕎麦業界は慢性的な玄ソバ不足に悩み、良質の玄ソバの輸入の道を求めて中国に的を絞った。有史以来長い交流の歴史を持つ国同士として、相手国を尊重する人々の手により民間レベルでの貿易を開始しようとした。昭和三七年（一九六二）一一月、「日中総合貿易に関する覚書」が調印された。ＬＴ貿易の開始である。

昭和三七年（一九六二）九月、組合は「めん類業有名店出庫物《でこもの》展示即売会」を始めた。

昭和三八年（一九六三）、アメリカ小麦連合会の協賛、全国食生活改善協会と全国製麺協同組合連合会との共催で「麺類技術者講習会」が行われた。東京、神奈川、札幌、仙台、大宮、金沢、名古屋、大阪、広島、松山、福岡で開催された。

昭和三八年、中国玄ソバ輸入交渉のため、第一回の訪中を果たしたのが、鈴木正夫東麺協理事長、野川康昌東麺協監事である。昭和三九年（一九六四）二月、中国産玄ソバ約八百五十トンが横浜港に入港した。続いて三月に第二便が約三百五十トンを積んで横浜港に入港した。こうして、今日も続いている中国産の玄ソバ輸入が開始されたのである。日麺連では中国産の玄ソバの品質を検討するため、昭和三九年三月、麺業会館で約四百人の関係者を招いて試食会を開いた。

玄ソバの国内生産量の減少を補うために海外から調達することで活路を見出してきた。玄ソバの国内消費量が年間約五万トンと言われる中、輸入量は昭和四一年（一九六六）に約一万六千トン、昭和四二年（一九六七）が約二万四千トン、昭和四三年（一九六八）は約三万五千トンであった。輸入玄ソバの内、中国産以外のアフリカ産やブラジル産は品質に問題があった。良質な原材料の安定的確保は業界の死活問題に関わることである。

昭和四四年（一九六九）、日麺連は懸案であった日本玄蕎麦協会の設立に大きく動いた。設立趣旨は、不足気味の玄ソバのスムーズな流通管理と増産促進である。生産、流通、消費を一本化し、将来の安定した玄ソバ確保を図りたいというのが狙いである。昭和四四年三月、「日本玄蕎麦協会」の創立総会が麺業会館で開かれた。

昭和四五年（一九七〇）には大阪・千里で日本万国博覧会が半年間にわたり開催された。

第二次資本自由化により、飲食業の外資系資本が日本に進出するようになり、昭和四六年（一九七一）にはマクドナルドが銀座にオープンした。こうした新たな業種・業態が登場し外食市場の質的な変化が顕著になってくると、麺類業も他外食産業との競合・競争の影響を受けるようになってきた。昭和四八年（一九七三）のオイルショックで高度経済成長は終息を迎え、経済は安定成長期に入る。麺類業界は外食に対する消費者の質的な要求の変化に対し危機感を感じるようになっていく。

昭和四七年（一九七二）一二月、足利・一茶庵主人の片倉康雄氏が、上野・東天紅の「料理学苑」（苑長は食味評論家の多田鉄之助氏）に開講した「日本そば大学講座」は、脱サラ・転職希望者に浸透していった。当時、手打ちそばうどん店は珍しく、手打ちというだけで差別化できた。この現実に東麺協は次代を担う組合員にそば作りの基本を教える教室の必要性を痛感し、昭和四九年（一九七四）一月に麺業会館で第一期「蕎麦技術研修講座」を開講した。

昭和四九年一〇月、かねてから取り組んできた国内産玄蕎麦増産運動が実を結び、日麺連初のソバ契約栽培が実現した。北海道産一俵七千円で一万三千俵、茨城産六千八百円で四千二百六十俵。

昭和五〇年（一九七五）一二月、「日本玄蕎麦協会」を改組し、「社団法人日本蕎麦協会」が発足した。協会は国内産ソバ振興事業のため予算獲得運動を展開したり、生産奨励作物としてソバが対象作物に指定されるよう働きかけたりした。啓蒙活動として、「そばデータブック」を関係団体に配布している。また、優良なソバ生産農家や団体を表彰する制度を設けている。

「めん類業有名店出庫物展示即売会」は六回目から「麺類業近代化見本市」に名称を変えてきたが、さらに昭和五三年（一九七八）の一七回目から「めん産業展」の名称になった。

日麺連監修『そば・うどん技術教本』全三巻が昭和五八年、五九年、六〇年の三か年にわたり、麺類業界待望の技術書の決定版として、柴田書店から発行された。

昭和五八年（一九八三）八月、日本麺類業組合連合会は「社団法人日本麺類業団体連合会」に改組した。

そば離れと麺類業界の本物志向

子どもや若者のそば離れの問題が深刻になり、将来の消費者となる子どもにそばに対する関心を持ってもらいたい、何よりもそばを食べてもらいたい、この思いから日麺連は昭和六〇年（一九八五）に第一回「そばの花観察運動」を実施した。全国の小学校五百校に学校観察用及び個人・家庭観察用（五万人分）としてソバの種子を配り、ソバの花の栽培観察を通じて児童にそばへの親しみ、関心を深めてもらおうというのが目的である。

昭和六〇年一月に福井市内で中山重成氏が開設した「越前そば道場」は、素人を対象とした常設のそば打ち道場として全国で最初と言ってよい施設である。同年には、鵜飼良平氏を講師にして日清食品フーディアムクラブの「そば打ち体験学習」が開講している。

中国からの玄ソバ輸入は昭和六一年（一九八六）には年間六万トンに達し、輸入量の増加とともに日中間の友好も深まっていった。LT貿易開始から二十五周年に当たる昭和六二年（一九八七）六月、北京で「第54回全国麺類業者北京大会」が開催された。東麺協の約四百名を始め、全国から一千名の組合員が参加する盛大な大会になった。

平成元年（一九八九）四月に我が国初めての消費税が導入された。日本の財政も実体的には厳しいものがあり、麺類店の営業も外食市場の成長の割にはむしろ他業態の飲食業界との競合・競争にさらされて厳しさを増していった。平成二年（一九九〇）二月に株価の暴落が始まり、それまでの株価、不動産価格の高騰はバブル現象であったことが露呈した。

消費自体も冷え込む中、一般消費者の麺類への需要を喚起する狙いで、平成三年（一九九一）は、日麺連が傘下の二十六都道府県組合とともに全国規模のイベントとして各地それぞれに「91めん博〇〇」と地域の名称を付して地域性に富んだ内容を盛り込むイベントを企画した。東麺協は、平成三年、四年に「めん博とうきょう」を開催した。

平成四年（一九九二）八月に、富山県の秘境と言われた利賀村で海外からの参加が十か国に及ぶ「世界そば博覧会」がほぼ一か月間開催され、十四万人を集客し大成功を収めた。これが契機となり、翌年に「全国麺類文化地域間交流推進協議会」（略して、全麺協）が結成され、そばで村おこしを推進していた全国二十六の市町村が参加することになった。

平成五年（一九九三）に入ると、さらに株価や地価が暴落し、国民生活にまでバブル崩壊の影響が及び深刻化する。

平成六年（一九九四）、第一回の「全麺協日本そば博覧会」が福島県山都町で開催され、以降年一回全国各地で開催されている。

平成八年（一九九六）、越前そば道場の中山重成氏の尽力で、第一回全日本そば打ち名人大会が福井県鯖江市で開催された。

全麺協による最初の素人そば打ち段位認定会が、平成九年（一九九七）北海道幌加内町で実施されると、その後全国各地で認定会が行われ、平成一三年（二〇〇一）頃から認定者数も急速に増えた。

平成九年（一九九七）一〇月、野川康昌東麺協理事長が逝去された。

平成一七年（二〇〇五）六月、東麺協は「大江戸めん祭り」を開催し、初日の素人そば打ち名人戦には全国から四十名の選手が集まって自慢の腕を競った。

平成二〇年（二〇〇八）のリーマンショックによる世界金融危機とそれに伴う不況から再び低

成長経済が現在まで続いている。

平成二三年（二〇一一）一〇月、東麺協は創立百周年を迎えた。

【付記】第二次世界大戦後の出雲地方の麺類業界は、東京及び全国組織の麺類業界の動きに触発されながら、斯業の発展に尽くし今日まで来たのではなかろうか。前項及びこの項は、国内の麺類業界の趨勢を理解するために記述し、併せて出雲地方の麺類業界の在り様を類推する。

今後、島根県内の麺類業界は大同団結して組織的活動を実施していくことが求められると私は考えるが、どうであろうか。蕎麦を主テーマとしたイベント、例えばそば祭りを、松江、出雲、奥出雲などの地域がバラバラに行わないで、テーマ・期間を統一し同時開催する企画を立案していただけないだろうか。他県と比較して、島根県内のそば振興策、そば屋の集積度・組織力・レベルなど、もっと質量ともに高めていく必要がありはしないだろうか。個々に埋没していては、レベルアップは難しいと感じる。島根県の観光振興策として行政サイドにも要望したい。生意気なことを言うとお叱りを受けるかもしれない。無理な要望と思われても、せめて出雲部だけでもそうあって欲しいと願う。

上方のそば

江戸のそばだけでなく、京都・大阪のそばについても少し触れておきたい。

麺文化発祥の地・京都

我が国の麺文化発祥の地は京都で、七世紀から鎌倉時代にかけて遣唐使や留学僧らがもたらした素麺に至るまでの技法を寺院が採り入れて、宮中や公家とともにこれを普及させた。それは、寺院・貴族社会の行事食や伝統的な食生活にも適合して普及したのであるが、その後、京都に伝わったそば切りも又よく似た生い立ちを持っている。

京都では、権大納言・日野資勝の日記『資勝卿記』の中で、元和一〇年（一六二四）二月の条で京都の大福庵においてそば切りを馳走になったことが記されている。

京都の特性として、寺院・宮中・公家社会の儀式や行事に使われて発達した中に菓子があり、「京菓子」を作る菓子職が古くから育っていった。都の菓子職は、常に良質の米粉やそば粉を使い、粉の扱いに熟達した技術を持つ環境のところに、そば切りが伝わると菓子の注文とともにそば切りの依頼も生じて、他の地域のそば切りとは異なる発展過程をたどることになる。

京都の老舗そば処「晦庵河道屋」では次のような話が伝えられているという。

「その昔、菓子屋には寺院からそば切りの依頼があるので、どの菓子屋もそばが打てなければならなかった。うまくそばを打つ菓子屋が良い菓子屋ということになり、そば打ちの技量によって菓子屋の評価が左右された」

河道屋は、享保年間（一七一六〜一七三五）創業の菓子職「総本家河道屋」で、「蕎麦ほうる」の元祖である。この店は、比叡山延暦寺が毎年五月一七日に行う桓武天皇御講に際し、店主が登山して手打ちそばを献供することになっているという。

京菓子とそば屋を営む老舗「本家尾張屋」は、創業五百四十年余の歴史を持つ「菓子司」で、江戸時代に「御用蕎麦司」を勤めている。京都御所に手打ちのそばを届け、時にはそばを調理するために出向く、いわゆる宮内庁御用達のそば打ちを勤めた。この店の紙袋には、そば打ちの図が載っており、そば生地を麺棒一本で座って「丸延し」をしている様子や軒の吊看板に「そば切切むぎ」の文字が見えることなど、簡略化された線画であるが、貴重な資料となっている。

京都には他にも老舗そば屋があるが、それらに共通するのはいずれも白いそばであり、いかにも上品に仕上げたそばが身上である。

また、京都は「にしんそば」が有名である。これは、文久年間（一八六一～一八六三）創業のそば屋「松葉」の二代目が明治一五年ごろ考案して評判になり、その後京都を代表する名物そばになっている。

大阪「砂場」、熱盛りそば、カレー南蛮

大阪では、豊臣秀吉が大阪城を築城したころに、大阪「砂場」が創業したと伝えられている。享保一五年（一七三〇）頃のそば屋の風景が、長谷川光信画「絵本御伽品鏡」という絵草子に描かれている。絵の中の置き行燈「壱せん　そば切り　八文」や「うんとん」（うどん）の文字が見える。

宝暦七年（一七五七）に出版された『大阪新町細見之図澪標』の中に、「津国屋」と「和泉屋」という二軒の麺店が見られる。この二店については、場所名で呼ぶことが定着し、「す奈バ」（砂場）の屋号が生まれたものと考えられる。

近世初期の作と伝えられる、大阪城と大阪の街を描いた「大阪市街図屏風」には、「八けんやはたこ町」(八軒屋旅籠町)の町名貼札が見え、その横で楕円形のうどんかそばを麺棒で延している場面が見て取れる。女性が前かがみで体重をかけて延している。

寛政一〇年(一七九八)に刊行された『摂津名所絵図』「大阪部四下の巻・新町傾城郭」に、「砂場いづみや」の図がある。そこでは、そば屋の暖簾に「す奈場」と染め抜かれ、たいそう繁盛している往来の様子や立派な店構えが描かれている。そばを食べる客、そば打ち風景、臼部屋など、店内の様子が克明に描写されている。往時の名物そば屋と言った風で、浪花の新町で江戸期を通じて繁盛した名店であった。

大阪では、今も「熱盛りそば」をメニューに載せ、かつての味を大切にしている。江戸時代の初期頃に流行ったとされる蒸籠で蒸す「蒸しそば切り」と、茹でて洗ったそばをもう一度熱い湯に通したり、盛り付けた上に熱湯をかける方法とがとられる。したがって、「熱盛りそば」は、熱い状態のそばで、熱いつゆに浸けて食べる。江戸時代の後期から明治にかけて流行り、「蒸しそば切り」とも言った。元禄八年(一六九五)創業の大阪・堺の「ちく満」(ちくま)は、かつて蒸籠で蒸した「なにわの蕎麦」の歴史の一端を今に伝える店である。

そば屋の定番メニューに、鴨南蛮・鳥南蛮・カレー南蛮・親子南蛮などあるが、南蛮の代表格である鴨南蛮が売り出されたのは、文化年間(一八〇四〜一八一七)の江戸であり、カレー南蛮の方は、時代が下がって明治四二年(一九〇九)の大阪である。「南蛮」の読み方は、東の江戸は「なんばん」であり、西の上方は「なんば」である。読み方の違いの理由はわからないが、東西それぞれの呼称を守り今に使い分けられている。

【注】この項は、公にされている蕎麦サイト「大阪・上方の蕎麦」の文章を参考にしてまとめたものである。

第五章　松江のそば

松江の堀禮蔵という方

江戸時代に根付いた出雲地方におけるそば切りは、明治以降松江でどのように受け継がれてきたかをこの章で述べる。そばを愛した松江人、出雲の「拍子木食い」、松江そば会などを記す。生没年も住んだ所も不明であるが、こよなくそばを愛し続けた松江人をまず紹介する。

京都の河道屋から明治二八年（一八九五）一一月一五日に出版された『蕎麦志』はわずか二十一丁の半紙和装本に過ぎないが、内容は極めて豊富で蕎麦文献としての評価は高い。この『蕎麦志』に紹介されている人が松江の堀禮蔵氏である。編さん者は総本家河道屋十三代当主植田安兵衛である（『蕎麦志』本文の該当箇所の複写を、ワン・ライン『おいしい出雲そばの本』一三四・一三五頁に掲載している）。

堀禮蔵氏は大変に蕎麦が好きだったようだ。ソバを栽培し、みずから手打ちして日頃そばを食べていた。お客さんが来るとすぐに打って食べさすのを楽しみにもした。自分の体調が悪くなると、そばを数椀食べて心と体を快活にした。

家の畑のかなりの面積をソバ畑にした。「家圃数十頃自カラ播植ヲ事トセリ」と文中にある。新村出『広辞苑』(一九八九・九・二五　第三版第七刷)によると、「頃(けい)」は中国の地積の単位で、一頃は百畝と説明されている。自分で刈り取り製粉して、そばを打つときには、ソバの葉を磨って、さらに麻布で包み、搾った青汁を粉に混ぜて練った。それはあたかも挽き茶を混ぜたような香気があった。ソバの花が咲くときには、花を使って同じようにした。他人が作ったそばは好まず、自ら作ることを信条とした。「其方ヲ錬ルコト数十年」と書かれていることを見ると、蕎麦に親しむこと長く、『蕎麦志』が発行されるまでに、京都までその名声が聞こえていたわけである。ソバを数畝収穫しては次播種して、切らさぬよう四季常に新蕎麦を食べていたと書かれている。

堀氏は、馳走に預かった人からそばがおいしいことを褒められ、そのおいしさの秘訣を問われると、笑って「別に変ったことではない、ただただ日々精進するだけだ」と答えたらしい。

堀禮蔵氏の子孫が松江に住んでおられはしまいかと、探索したが見つからなかった。

これほどまでにそばに打ち込んだ人が、明治の頃に、松江のどこかにおられたことを誇りとする。

元松江商工会議所専務理事・太田直行氏の蕎麦

元松江商工会議所専務理事であった太田直行氏（一八九〇－一九八四）は松江市の商業活性化の先駆者であった。大正一二年（一九二三）に松江商業会議所に就職、後には専務理事を務めた。戦前戦後二十年間にわたって、松江の商業発展に邁進した。一方、文化人であり、俳句をよくし、号を「柿葉」といった。そして、中学の同窓で生涯の盟友、河井寛次郎と親交を続け、島根の民芸運動のきっかけをつくった。氏の著書に、『出雲新風土記　味覚の巻』（一九三八・三・一〇太田直行）がある。九七頁から一〇五頁まで、蕎麦について書かれている。

太田氏が見た蕎麦の詳しい内容は、島根県内の図書館で原著を読んで理解していただきたい。出雲そばの特徴、自宅での客に対する饗応の仕方、産地、栽培の仕方、調理方法、薬味、そば道具、当時のそば店の様子など、実に細やかに詳述されている。蕎麦にかかわる方なら、きっと参考になることが多々であろう。そこで、一部を抜き出してみる。

栽培について

出雲そばがうまいのは、気候と土質による。出雲では仁多の八川、石見では三瓶が第一である。ソバの果実は夕冷えの著しい所ほど旨いものが出来る。生育期に当たる八、九月の最高気温が二十四、五度位でしかも日射時の少ない所が最も適している。土質は痩薄なところが良い。ソバの栽培は標高三百メートル以上の山間部が適していて、このような条件下で栽培されたソバは、澱粉粒が非常に細かく香気が高い。仁多郡八川村の栽培の仕方を見ると、草山を焼いて跡にソバをばら播きして地表を浅く打ち返している。一年目にソバを播き、二年目に菜種を作り、三年目に初めて造林した。

そば道具の寸法と材質

麺板は、おおむね四尺（一二一cm）角、材は銀杏を最上とし、松がこれに次ぐ、としている。麺棒は、長さ三尺七、八寸（一一二～一一五cm）くらいで、材は、昔は檜を使ったが現在は樫で作る、としている。

庖丁は、刃渡り一尺一寸（三三cm）巾四寸五分（一三・五cm）の薄刃庖丁、としている。捏ね鉢については、記述がないが、当時の蕎麦屋「浴衣蕎麦」の主人がそば打ちをしている様が写真で紹介されている。陶器の深鉢のように見える。

器については、割子蕎麦の容器は、昔は春慶塗の杉または檜製の角型を用いた、としている。角型の容器はいつしか小判型の洗い朱の曲物と変わり、さらに明治四一年頃には衛生的見地から警察署長の発議で丸型の挽物が使われるようになった、としている。この丸型の容器は径四寸（一二cm）高さ一寸（三cm）で、内は朱、外は栗に塗り分けてある、としている。割子の器を、二五～三〇くらい重ねると、たいてい自分の座った高さになるので、健啖家が高さを競争するのも一興である、とも書いている。いわゆるそばの大食いを競ったりしたものと思われる。

そば切りの実際

出雲は正真正銘の生そばである。一一月から翌年三月まではつなぎなしで打てるが、普通小麦粉を七分ないし一割くらい混ぜる。大玉を打つ際には、山芋や大豆または豆腐をほんの少し混ぜる。

蕎麦を打ち延ばす大きさについては、上手な人は、一升の粉を、厚さ二厘（〇・六㎜）直径三尺七寸（一一二㎝）くらいに延ばす、としている。打ち終ると、七寸（二一㎝）巾くらいに折りたたんで、巾三厘（〇・九㎜）ないし五厘（一・五㎜）に細断するが、厚さ三厘に打って巾三厘に切るのが定法であり、厚さ二厘巾五厘に作ったのは特に【五ヒラ】という、としている。

太田氏は尺貫法で記述しているので、メートル法の大きさに換算してカッコ書きして数字を入れた。実際にそば打ちをなさる方は、比較してみていただきたい。

「葉捏ね」という捏ね方をも紹介している。端境期になると香気がなくなるので、夏ソバの葉を磨って捏ねる方法を言っている。この方法は、明治の中頃の松江の住人、堀禮蔵氏のやり方を踏襲しているように思われる。太田氏は葉を磨るまでのことしか書いていない。前項で紹介したように、堀氏は葉を磨り、さらに麻布で漉した青汁を混ぜて捏ねていた。太田氏も堀氏と同じようにしていたかもしれない。基本は同じ考えである。太田氏が『蕎麦志』を読み堀氏の存在を知っていたかどうかは別として、堀氏同様太田氏もそば打ちに興じ工夫したことが分かる。

そば料理の種類
太田氏が挙げているそばの種類は、「割子」「洗い」「釜揚げ」「茶そば」「アンカケ」「玉子そば」「魚そば」である。

薬味の種類
葱、おろし大根、海苔（平田の十六島産）、鰹節、山葵（石見の三瓶山産）を挙げている。おろし大根に、晩夏・初秋は柚子の皮を摺り込み、冬は唐辛子を入れるのもよいとしている。

そば汁に使う「地伝酒」について

「喰ひ汁」（そば汁）を作るのに、太田氏は「地伝酒」を使うように説明している。地伝酒とは、出雲地方独特の酒で、古代より伝わってきたとされている。出雲の郷土料理の基調をなすものとして珍重されている。この酒は、熊本の「赤酒」、鹿児島の「地酒」と並び、日本三大灰持酒と呼ばれている。糯米を使用した贅沢な酒で、昭和一八年（一九四三）に製造が中止されたが、太田氏の『出雲新風土記』（一九三八）「味覚の巻　二　地伝酒」などの資料や異業種交流の力を結集し、試験醸造を経て復元にこぎつけて、平成二年（一九九〇）に米田酒造（株）が試験免許を取り復活させた（ワン・ライン『地酒で乾杯』〈二〇〇五・六・二五〉一〇八・一〇九頁）。

そば振舞いについて

呼んだお客にそばを振舞う際に、「かけそば」と言って、客の背後から知らぬ間に客の椀の中にそばのお代わりを移し入れ、客をして「もう、沢山」と椀に蓋をさせないのが勧め上手とされている。これは、まるで岩手の「わんこそば」のやり方である。こういう接待方法が出雲にあったとは私は知らなかった。太田氏ならではの見聞である。大正から昭和の初め頃の島根の食生活を再現した書籍・農山漁村文化協会『聞き書き　島根の食事』（一九九一・七・二五）にも、「奥出雲の食　Ⅱ　基本食の加工と料理　3．そば」の項で、お客さんに何杯もそばをお代わりさせる風習があったと書かれているので、太田氏の見聞は奥出雲でのものであったかもしれない。

私たちが良く知っている習俗としては、そばではないが、石見の「万歳楽」がある。これは、高盛り飯をお客にお代わりさせて食べさせるもので、盛られたご飯をお客は食べなくてはならず、腹いっぱいになった客はお椀を隠そうとするが、接待係はそうはさせずと、お客とお椀の争奪戦を繰り広げる行事（神事）である。

紀行文作家・戸塚文子さんが食べた松江のそば

紀行文作家・戸塚文子さん（一九一三―一九九七）が松江郊外の友人宅で振舞われた蕎麦について書いている。『旅と味』（一九五七・七・五　三版　創元社）の「わりごそば　島根県・夏」の項である。昭和三〇年ごろの松江における家庭の蕎麦を、旅の情緒あふれる巧みな文章で紹介しているので、原文のまま引用する。あらためての説明は不要である。

（前略）

その安来節のふるさと出雲（いずも）は、信州ほど有名ではないが、ソバのうまい土地の一つである。手打ちソバじたいも、なかなかの味だが、何よりそれを食べるしかけが楽しい。容れ物は塗りの破り子である。丸いのも小判なりのもある。どちらも子ぶりなのが特徴だ。小判なりのほうがそぼくな感じがする。丸型なら、さし渡し五寸ほど、深さは一寸たらずの小さな破り子である。ソバ好きなら二箸か三箸すすれば、一丁あがりとなる。そのかわり十個でも二十個でも、高高と積み重ねられる。大食漢なら鼻先に、塔の如く層を重ねて、壮観を呈することだろう。うつわを小ぶりにしてあるのは一個分の容量を少なくし、幾つも取り替え引っ替えして、数を重ねるのを、楽しもうという魂胆とみえる。

薬味がまた豊かだ。糸のようにこまかく刻んだネギ、もみじおろし、花ガツオ、もみノリ、シソ、ミョウガ、ワサビ、ショウガなど、品数多くとり揃えて出し、好みのものを選べるようになっている。それを一つ一つ盛った小皿小鉢の類にしても、民芸の伝統を誇る山陰地方らしく、なかなか凝ったものだ。つゆ入れなんかでも、首の長い一輪ざしのような胴に、細長く曲線を描く注ぎ口が横についた美しい形の染付（そめつけ）の瓶を、用いたりする。どうかすると、西洋皿でザルを食べさせられる近頃の東京っ子には、器物だけ見てもうれしくなるのである。

出雲路を旅すると、農村はむろんのこと、松江のような都市や、その近郊の家で、よくソバを打ってくれる。ある夏の夕べ、幾日かの長旅の末で、宿の食事に食べあいていた折だったので、誘われるままに、松江郊外の友だちの家を訪れた。都心からさほど離れてもいなかったが、もうどこかに田園の香りが漂っていた。涼しい風の渡ってくる縁先で、夕暮れて行く空を、ぼんやりと眺めていると、カタカタ、タンタンと特徴のある庖丁の音が台所の方から聞えてくる。「ああ、ソバを打っているな」とわかるなつかしい音である。一日汗を流して歩き廻ったあとで一風呂浴びてほっとして、涼風の中でソバを待つ心は、人生にある幾つかのささやかな喜びの一つかもしれない。あたりはふしぎと静かで、庖丁の音だけが、「待っててね、もうすぐよ」と、丸顔で手もむっくりした友の声を、伝えてくる。彼女は楽しく奮闘中だし、私は楽しくじっとしている。動と静が一つ思いに、つながっている。

やがて、縁先へ膳を運んでくると、軒の青い岐阜提灯に火を入れた。水色の光が冷やかに流れる。心づくしのソバには、ひき茶が入っていた。卵やシソなど入れることもあるという。だが、茶どころ松江には、ひき茶の「茶切り」がふさわしい。あれこれ薬味を勝手に配合して、どれがいちばん、口に合うかなど、笑いながらためしてみる。夏場のせいか、辛味をピリリときかした方がうまい。ソバのやさしく冷たい舌ざわりにも、何か季節感があるようだ。品数ばかり華やかにならんでいながら、なぜか食べ終わってもさっぱり満ち足りた気分には、なり得ない旅館料理の続いたあとのせいか、この単純な献立は、しみじみ私を幸福にしてくれた。

（後略）

戸塚さんは、この夜一二時をかなり過ぎた頃、友人の泊まるようにとの誘いを断って別れを告げ、湖畔の宿を指して暗い夜道を歩いた。しかし、道に迷った。あてずっぽうに歩く中、交番の明かりに助けられ、親切なお巡りさんの道案内で無事に宿に着いた。敬礼して立ち去った若いお巡りさんの親切が忘れられないという。

私は、戸塚さんの友人がそばを振舞う中で、薬味豊かに八つも出していることに注目する。しかも盛った小皿や小鉢にこだわりを見せている。家庭ならではのそばであり、また松江人のアイデンティティーを感じさせるものがある。

出雲の「拍子木食い」、松江そば会

ＮＨＫテレビ番組の「アーカイブス」で、昭和三九年（一九六四）一一月一三日放送「日本の伝統　そば」は、平成一八年（二〇〇六）一月八日に四十二年ぶりに再放送された。日本各地の蕎麦にまつわる話が伝えられた。栽培風景、そば饅頭、そば田楽、かっけばっと（かっけそば）、家庭でのそば打ち風景、会津のそば口上、東京都文京区小石川の浄土宗慈眼院澤蔵司稲荷における蕎麦奉納、高橋邦弘氏など多くの弟子を育てた一茶庵の創始者・片倉康雄氏（一九〇四―一九九五）による蕎麦打ち風景など、多方面から日本の伝統食である蕎麦文化を三十分番組にまとめたものである。

この中に、出雲の曲食い「拍子木食い」が再現されていた。拍子木食いについて、新島繁『蕎麦の辞典』（一九九九・一一・三〇　柴田書店）一九三頁では、「出雲そば（割子そば）の曲食い。それ角型の割子を両手に持って、拍子木のように合わせると、割子のなかのそばは内側に寄る。それを箸を使わずにすすり込むというそば食い競争の遊びである。昭和初期ごろまで行われていた」と写真つきで説明されている。地元松江の太田直行氏『出雲新風土記　味覚の巻　二十八、蕎麦』（一九三八・三・一〇　太田直行）一〇三頁では、「割子二個を両手に持ち、僅かに手前へ傾けながら縁をかち合せると蕎麦が手許へ寄って来るので、其儘箸を使わずに割子一つ宛を一口に食う一種の曲食い」と書かれている。趣味人のお座敷芸と言ってよいであろう。いつごろから始まったのであろうか、その歴史について調べてみたいと思うが、今のところ手掛かりがない。

また、「手打ち出雲そば」の店内看板がある蕎麦屋で、「のの字食い」というそばの曲食いも再現されていた。新島繁『蕎麦の辞典』一八三頁によると、「そばの曲食いの一種。江戸時代から明治中ごろまで行われたもので、二本の箸先をそばのなかに差し込み、のの字を書く風にして、ひとすくいにそばをかっ込んでしまう食べ方」と説明されている。番組では割子の器で再現されているので、出雲でもあった遊びのように思いがちであるが、出雲で実際に行われていたかどうかはわからない。

さらに、「松江そば会」の様子が映っていた。この会は、昭和三五年（一九六〇）五月二〇日に発足し、南目貞市氏やそば愛好家が中心になって出雲そばの伝統保持だけでなく、創作そばにも意欲を燃やしていたようだ。このNHKのテレビ番組の企画には蕎麦史研究の大家、新島繁氏も加わっていたようで、氏は録画のために九月下旬スタッフの武山智氏らと松江へ同行している。そば会の会場は清光院というお寺だった。会員がすべて調理したものを提供してそれを参加者が批評するという和やかな雰囲気が感じられた。器は割子ではなく、松江らしく不昧公好み蕎麦懐石のお膳のようであった。参加者は記名帳に自分の名前を書きこんでいた。映っている中に私がお名前を知る方がただ一人おられた。伊達慎一郎氏（一九〇七―一九九四）であるが、氏は昭和三五年（一九六〇）に島根県副知事になっておられ、昭和四六～五〇（一九七一～一九七五）の一期、島根県知事を務められた。番組が放送されたのは昭和三九年（一九六四）であるので、氏が副知事になられて四年後の時である。当時の松江を代表する著名人による蕎麦の集まりがあったということである。

この「松江そば会」は、発足後いつまで続いたのかはわからないが、荒木英之氏が言う所の「連」の再興という見方をすることも出来ようか。

出雲流手打ちそばの技法、一本棒・丸延し・手ごま

時々書店で蕎麦の載った雑誌を買うことがある。『サライ』（二〇一四年一〇月号　小学館）を読んだとき、「大名草庵（おなざあん）」（兵庫・丹波）が紹介されていて、店主が「一本棒・丸延し」に惹かれたわけを述べていた。店主の西岡芳和さんは、日本蕎麦保存会が主催する日本蕎麦伝統技能保持者の認定会で、一本棒・丸延しの技術を身につけ、十割そばを打つ時の、一本棒・丸延しの優位性に惹かれたようだ。

「この技を習得して、三本棒で打った麺とは明らかに違うことに驚きました。三本棒は、とにかくコシの強い麺を打つのに最適です。一方、一本棒で打つと、コシの強さとしなやかさを併せ持った麺になる。ソバ粉の風味も、より強く感じられるようになりました。しかも、一本棒で打ったそばは、時間が多少経過してものびにくいと思います。生粉打ちに徹する私には、役に立つ技です」

さらに、一本棒は短時間でそばを打てるので、閉店近くになって客が大勢来店した時など、不足分を追い打ちするのに便利だという。（同書九二・九三頁）

私が蕎麦に取り組んでから、初めてそば打ちを習ったのは、島根県雲南市大東町にある「きたそば交流実行委員会」だった。大東町北村集落の住民が運営する、そばによる村おこしの活動「そばオーナー制」の中で教わったそば打ちも、一本棒・丸延しであった。出雲の民間に伝わる打ち方はほとんどこの打ち方である。その後、出雲市のそば祭りに関わるようになって、江戸流の打ち方を知り、ことに高橋邦弘名人の打ち方に影響を受けたりもした。

私は大名草庵店主の説明を読んで初めて、出雲に伝わる手打ちそばの方法が優れていることを知った。ただ古いだけでなく、伝統の中に育まれた技と知恵が隠されていたのだと気づき、出雲流を大切にしなければならないと思った。

日本蕎麦保存会は、調べてみると、片山虎之介という方が運営していることが分かり、氏とメールのやり取りをしたり、面談したりを重ねてきている。

出雲周辺の民間でそば打ちをする方の多くは一本棒・丸延しを実践していると思われるが、全国的な風潮として江戸流が主流を占めてきており、三本棒・四つだしが増えてきているのも事実である。また、そば屋さんも江戸流で打つ方が増えているようだ。

だが、出雲流を絶やしてはならないと私は思う。ワン・ライン『おいしい出雲そばの本』二九～三一ページ「出雲そば手打ちの古法」に、今は亡き石原昇氏の手順を写真と文で紹介している。**写真**⑧⑨⑩また、松江そば組合監修『島根・松江出雲そばの手打ちの技術』（二〇〇八・一〇・七　旭屋出版）にも詳しく説明されている。実際に習いたい方には、日本蕎麦保存会主催の講習を受けることをお勧めする。一本棒・丸延しについて、片山虎之介氏の考えを参考にしつつ述べてみたい。

日本各地の郷土蕎麦は、その地域に暮らす人々の生活の中から、自然発生的に生まれて来たものであり、村にそば打ち名人がいて、その人の打つそばがおいしいとなると、近所の人々は見習って打つようになった。あるいは、所によっては、お嫁さんが家で習得したそば打ちを嫁ぎ先で教えて、広まったりした。郷土蕎麦は、その地域に暮らす者が、自分たちが食べるために、愛する家族や、親しい友人、お客さんに感謝の気持ちをおいしい蕎麦で伝えるために、作り方を工夫したものである。

大名草庵の店主が気づいたように、一本棒・丸延しでは、そばの風味が強くなる。そばの風味や香りを楽しむために、「噛む」という行為をすることになり、出雲そばもこの伝統を守っている。丸延しをしてそのまま折りたたんで麺を切ると、端の部分は当然短くなる。だが、短い麺が入っても構わないから、風味や香りを大切にしたいのが出雲である。

麺棒にそば生地を巻きつけ、いわゆる「巻き延し」あるいは「打ち延し」をすると、麺棒に巻かれた生地の、かなり広い範囲にほぼ均等な圧力がかかる。一点をプレスするのではなく、面の圧力でそばを延すことになるため、仕上がる麺はふわりとした食感を与えながらも無理なくつながって、おいしいそばになるのである。風味を大切にしたそばを打つために、一本棒・丸延しの技は、まさに理想的な打ち方だということが出来る。

生地にかかるストレスを最小限に抑える工夫を見ることが出来るのが、福島県・桧枝岐の郷土蕎麦、「裁ち蕎麦」の技法である。この地方では、水回しの済んだ生地を、小さい玉に小分けし一本の棒で丸く延し、畳まずに何枚も重ねて包丁で一本の糸を切り出すように「裁ち切る」のである。これは、生粉打ちでも長くつながった麵線にしやすい合理的な方法である。

出雲流の打ち方の対極にある江戸流は、三本棒、四つ出しでそばを打つ。この技は、江戸という大都市でそば屋さんが営業を行う上で、できるだけ少ないスペースで沢山のそばを一度に打つ方法として工夫されたものだと言われている。効率よく、細く長くそばが打てる、優れた技法である。今の時代世の中に広く普及するのも理解できる。江戸のそば屋さんは、代金をいただく商品としてのそばの見栄えを大事にし、お客さんが粋に手繰って咽喉越しを楽しむことが出来るように、そばを打ったと思われる。

ところで、江戸も初めは一本棒であった。『蕎麦全書』の著者・日新舎友蕎子が、「友蕎子手製蕎麦入用之具」として、「麵棒一本」と書いている。こま板もない。いつからかわからないが、時代が下って後に、使う麵棒が三本になっていった。

麵棒一本で打つか、三本で打つか、仕上がった麵に違いがあるわけで、求める結果によって、使い分けるのが良いように思うが、昔ながらの一本棒・丸延しの打ち方をする人が減ってきている現状を考えると、出雲流の技法を絶やさないで次の世代に伝えてほしいものである。一本棒、丸延しで打つ技法を国内で最も盛んに行っている地域は信州・戸隠であると、片山虎之介氏は言う。

出雲出身の広島県福山市の「出雲そば大黒屋」も出雲流の打ち方を守っている。広島県広島市には「手打出雲そばいいづか」があり、父親から受け継いだ出雲の流儀を守っている。

一本棒、丸延し、手ごまを実践している、出雲の献上そば羽根屋の早朝のそば打ち場では、若い職人が、数人麺台を並べて黙々と打っている風景が見られる。張りつめた空気、エネルギッシュな動作、見ていて気持ちよく頼もしい感じがする。

松江のそば屋

本書は、現在の島根県松江市内で営業するそば店を紹介することを趣旨としてはいないので、松江市内で店を構えているそば店を網羅することに省かせていただく。そば屋を経営することは、趣味でそば打ちをすることとは大きく違い、そう簡単なことではない。時勢の流れで客の好みも変化し、何代にも渡り店を維持することは並大抵の努力では難しいことに思われる。したがって、店の消長が見られるのもやむを得ない。

一部ではあるが、最近発行された『キラリ春号 no.36』(二〇一六・三・二八 グリーンフィールズ)にも松江の店が紹介されている。少し古くなるが、ワン・ライン『おいしい出雲そばの本』(二〇〇〇・七・二〇)やワン・ライン『出雲そば街道―出雲・石見・隠岐・伯耆国のそば屋めぐり―』(二〇〇七・六・二九)、松江そば組合監修『島根・松江出雲そばの手打ちの技術』(二〇〇八・一〇・七 旭屋出版)八八~九〇頁の「松江そば組合の出雲そば店案内」、松江観光協会の「松江市観光ガイドブック」を参考にして、電話を入れるなど確かめて行かれるとよい。又、インターネット情報を調べれば、店舗・地図、メニュー・価格、お客さんのコメントなどを知ることが出来る。

そばは、食生活の一つとしての地位から、食文化、さらに料理文化へと発展していった。現在の松江のそば屋の中には、研鑽を重ねていき、素晴らしいそば料理を提供し、地元以外からも多くの客が集まってくる店がある。やはり、松江という土地がそうさせるのであろう。

ここでは、私が知り得た範囲内の古い松江のそば屋を羅列する。店名だけで、後はわからない。

① 新屋太助『大保恵日記』(おぼえにっき)より。この日記は、文政九年(一八二六)九月一六日から嘉永七年(一八五四)一二月までの間に書かれたものである。

1. トミダヤ(富田屋か?)
2. 伊予屋小路の神長(?)
3. 乃木の蕎麦屋(店名は記載されていない)

② 太田直行『出雲新風土記　味覚の巻』(一九三八・三・一〇)より。

1. 津田の川上
2. 津田街道の上田
3. 京橋南詰の浴衣

4. 天神裏の竹内
5. 寺町の松本
6. 乃木浜の広瀬

【付記】太田氏は松江のそば屋のことに触れる中で、次のようにも書いている。「昔は松江にも蕎麦屋が随分多かった。而かも大抵の蕎麦屋は脂粉の女を置いて割烹を兼業したが、二十四五年前に風紀上廃止を命ぜられ、続いて十二三年前からはカフェー其他新時代の飲食店に圧倒されて蕎麦屋は大方衰退して仕舞った」

③ 荒木英信『新編松江八百八町町内物語』（二〇一二・四・五　ハーベスト出版）より。

1. 寺津寿司
2. 浴衣
3. 推恵社に近いそば屋（名称不明）
4. 後藤
6. 松本

④ 荒木英之『松江食べ物語《秋・冬》』（一九九六・二・一　第二刷　山陰中央新報社）より。

1. 天神裏の浴衣蕎麦
2. 市成の煙草屋
3. 末次波止の古浦蕎麦（そばりん）
4. 寺町の松本

『松江食べ物語《秋・冬》』で、荒木氏はそばについて十三項に分けて五四頁から七九頁まで書いておられる。荒木氏は出雲の食文化に詳しかった方であり、その内容は一読して参考にされてよい。文体は出雲への愛にあふれていて、どこよりも出雲が一番という思いが根底にあるが故に、却って今一度冷静になって吟味するべき点もあると私は思う。

この著書で、荒木氏は、「そば④〈お忌みさん〉が口開け」（六〇・六一頁）の中、新そばの頃、出雲各地の神社の「お忌み祭」が行われる際、境内の周りに仮小屋のそば屋が立ち並んだと書いておられる。松江市鹿島町にある佐太神社では、太田直行氏が著書『出雲新風土記』「お忌祭」で、掘立小屋のそば屋が「神在蕎麦」を売っていたと書いておられる通り、臨時のそば屋が出ていた。佐太神社の方にも伺って確認した。出雲市斐川町にある万九千神社では、お忌み祭の際にそば小屋が立ったという言い伝えはない、と神社の方が言われた。他の神社については確かめていない。

太田氏と荒木氏の記述で共通な店は「浴衣」と「松本」である。私が知っていて、実際に食事に行ったことがあるのは寺町にあった「松本」だけである。出雲の代表的なメニュー「釜揚げそば」を筆頭に、名店として人気があった。

出雲人の義務として、もっと古文書、古絵図を読み込んで、江戸時代にあったそば屋を見出していかねばならないと考える。これからの課題である。

【付記】インターネットで検索すると、松江そば組合は十一店舗で組織されているようだ。組合の歴史・活動について知りたい方は、直接組合に問い合わせしていただきたい。

第六章　焼畑・ソバ・たたら製鉄

焼畑とソバ

わが国の焼畑の歴史が古いことは、奈良時代の文献からもうかがえるという。一定の区域を伐木の後焼き、周期的に作物を栽培するこの焼畑農耕が火と不可欠な関係にあることは言うまでもない。焼畑は大地を焼き（死）、そこに再生の活力を期待する、自然と密接な農法である。火を用いる農業である焼畑は、火を用いない稲作とは一線を画すものがあろう。焼畑とソバは縁が深い。

焼畑の主要作物にはソバ、ヒエ、アワなどの雑穀類が多く含まれる。ただし、ソバはタデ科に属する一年生の草本植物である。市場で用途を同じくするので、穀類あるいは雑穀の中にソバを含めて今日まで取引が行われている。

近世以前の日本国内における焼畑面積はどれ位であったのか、正確な統計数値を知ることはおそらく困難であるが、私たちが想像する以上に多かったのではなかろうか。森林法の制定、植林の推奨、火入れの制限などにより、明治・大正・昭和を通じて焼畑は衰退の一途をたどった。焼畑の衰退は、ソバの作付面積の減少をもたらしたと言えるだろう。

ソバは荒れ地でもできるが、特に焼畑でよくできると、民俗学者であった島根県大田市の白石昭臣氏（一九三五―二〇〇四）は言っている。ワン・ライン発行『おいしい出雲そばの本』の編集者になっていただいた白石昭臣氏は、島根県出雲市の石塚尊俊氏（一九一八―二〇一四。柳田国男氏の指導を受けた方。山陰民俗学会を組織した）の影響を受け民俗学者になられた。私はこの二人の学者を敬愛してきた。白石氏は畑作に関する著書があり、焼畑に詳しいので、氏の著書を参考にして、焼畑とソバについて書く。焼畑には二種類あり、春焼型と夏焼型とがある。焼いた後に、地域差はあるが一年目の作物はソバが多い。

『畑作の民俗』（一九八八・一〇・五　雄山閣出版）から「火入れ」について要約する。

火入れの際には儀式があったようで、まず、山の神への祈願をした。焼畑にする範囲を定めその境界にはほぼ二メートル幅の防火線であるヒミチ（火道）を切る。山陰地方ではこれをヘリガリともいう。そして焼畑の予定地の上方から火をつける。下から焼くと火勢が強くて、燃え残りがあり、また周りの山林に類焼する恐れがある。上方から、二又棒や唐鍬を用いてまんべんなく下方へと焼いていく。火入れの時刻は、大体午後から夕刻にかけて行う所が多かった。

山は、共同の入会山や山主の地を借りた所など様々だが、不文律の内に権利が認められていた。焼いた後、三〜四日から一週間の後播種となる。こうしてできた焼畑は三〜四年のローテーシヨンによる輪作の後、ソラし（空閑地とする）、他の山地に移る。再び元の地を焼畑とするのに十年から三十年の年月を経ている。焼畑は大地を焼き（死）、そこに再生の活力を期待する、自然と密接な農法である。

竹藪を焼いてソバや粟、豆類を作るヤブ焼きは、島根県ばかりではなく、「ヤボ」と称して九州・四国から東海地方に及ぶ西日本各地で行われた。そのルーツは日本ではなく、竹の原産地でもある中国の南部、ミャオ族、ヤオ族などの少数民族の農耕文化に行き着く。少数民族といっても日本の人口とほぼ同じ一億三千万人はおり、多くは山地で焼畑農耕を営んできた。

次に、焼畑でソバ栽培を行っていた地区（地区名は原文のまま）を拾い出す。

島根県大田市三瓶町加淵

古くから焼畑耕作を行っていたと思われる所。三〜五年周期でソバ、粟、小豆、大根などを昭和二十年代まで耕作していた。

兵庫県美方郡温泉町高山

山はほとんど共有であった。焼畑をカリヨウと言った。カリヨウは一年目にソバ、二年目に粟・麦・大根・里芋、三年目以降は小豆などを作った。

島根県邑智郡沢谷

焼畑の後にソバを播いた。

島根県浜田市日脚

焼畑の後に、ソバ・大豆・甘藷・小豆・大根・白菜を耕作した。

鳥取県八頭郡若桜町中原
この地区は春焼型であった。粟、ソバ、大根、小豆を栽培した。
盆に火入れをしたところとして、愛知県北設楽郡富山村（ソバ）、奈良県宇陀郡室生村（ソバと大根）、島根県鹿足郡日原町（ソバと椿）、盆前に焼き彼岸前にソバ・稗を播く所として群馬県藤岡市小柏、盆が過ぎると焼く所として山梨県椿草里（ソバ）があった。盆の播種の例として、神奈川県箒澤（小麦とソバ）、長野県伊那郡天竜村大河内（ソバ）、大分県宇佐郡上麻生（ソバ）があった。

竹の焼畑
白石氏が亡くなられた後に出版された『竹の民俗誌』（二〇〇五・六・一五　大河書房）から、竹の焼畑の例を抜き出してみる。竹の焼畑は、焼いた跡が熱く、その灰の熱が冷めきらない内に播くとよいと言ったようだ（地区名は原文のまま）。
私は焼畑でソバを栽培したことがないので上記の点はわからない。焼畑農業を行っていた農民は、長友大氏が著書『ソバの科学』（一九八四・四・二五　新潮社）八七頁で「そばのタネは、二度ぐらいの低温でも発芽するが、二週間以上もかかる。三四度では、発芽までの日数はわずか三日で、少なくとも七〇パーセント以上が発芽してくる。しかし、四二度を越して四五度ぐらいにもなると、ひじょうに発芽が悪くなってしまうのである。」と書いている所を見ると、灰の熱の温度加減を体験的に知っていたのかもしれない。

島根県大田市三瓶町多根
盆過ぎにヤブ焼きし、一年目にソバ、蕪、二年目に小豆などを播き、三年ぐらいして放置する。
島根県飯石郡頓原町志津見
昭和三十年ごろまで行っていた。竹藪を焼いた後、ソバや蕪を播いた。
島根県邑智郡邑智町君谷
竹藪を主とするヤキヤマ（焼山）という焼畑が行われていた。粟、小豆、菜種、ソバをローテーションを組んで播いた。
島根県邑智郡桜江町長谷
カリヤマともヤブを焼くともいう。一年目にソバ、小豆、二年目に大根、三年目に菜種などを作り、その後放置するがミツマタを植える所もあった。
島根県邑智郡石見町日貫
カリヤマともヤマヤキともいう。三年間の周期でソバ、粟、小豆、小麦、菜種をローテーションを組んで作った。
広島県双三郡作木村
三年の間、ソバ、蕪、菜種などを作る。その後は牛を放牧。
鳥取県東伯郡明高
カリヤマと呼んだ。ソバ、小豆などを三年ほど作り放置した。
宮崎県西臼杵郡椎葉村尾前

ヤボ切りといってスズ竹、クマ笹の繁茂地を鎌や鉈で伐採。その後焼いて、ヤボにソバを播いた。

福岡県田川郡添田町津野

昭和二五年の調査では、津野地区三百八十七戸の農家のうち二百五十戸が焼畑に携わり併せて十一万町歩を焼いたという。夏焼きが主体でヤブとかヤボ、ヤブ焼き、ノヤキ、ヤマヤキとも言った。白石氏が調査した平成一一年（一九九九）当時の様子では、初年度に粟、小豆、ソバ、二年度以降にサトイモ、ソバを作った。

静岡県清水市河内

ヤブ焼きと称して正月一一日がすむと竹藪地を焼き、鍬で少し耕して一年目はソバ、黍、二年目小豆、粟などを作り三年の後放置した。ソバを播いてもその周辺に小豆や大豆を播くなど多様であった。

愛媛県上浮穴郡小田町

焼畑をヤブと呼び、春ヤブと秋ヤブがあった。粟、唐黍、大豆、小豆、ソバ、野稲を三年ぐらいのローテーションの中で作った。ソバは年三回ほど作った。

高知県吾川郡池川町大渡

秋ヤブといい七夕がすむと薮や雑木を伐り盆過ぎに火入れをした。各戸三～四反に一年目はソバ（秋ソバ）、二年目、三年目に大豆、トウモロコシ、粟などを作った。

高知県長岡郡大豊町

吉野川上流に属するこの地区では、森林を焼く春焼、秋焼きと称しているフォレスト・フォロー型の焼畑がみられたが、これとは異なるブッシュ・フォロー型の、竹藪のある山を焼くヤブ焼きがあり、これをこの地区ではアサギヤマと称していた。ここでは一年目にソバ、二〜三年目に粟、トウモロコシ、麦類、小豆などを作った。その後数年放置するが、植林するところも多かった。

高知県土佐郡本川村寺川

昭和四十年頃まで焼畑が見られ、大きくソバヤマとヒエヤマとに分け、二通りの焼畑を営んできた。ソバヤマが、スズダケの多い七〜八年の雑木の茂る藪地を焼くもので、まず六月頃エガマという鎌で伐採する。これをソバヤブカリという。七月下旬の土用に火入れをして、八月中旬に播種、猫の足も入らないほど厚く密に播き、手入れをしない。四十日くらいで収穫。二年目に黍や大豆を作るが、その後は放置。一戸当たり七反から一町をソバヤマにした。そば団子、そばねり、手打ちそばなど種々の食べ方があった。

高知県高岡郡葉山村大谷

ヤブキリと言い、藪を伐って焼畑耕作を営んだ。ここでもアサギを切ると言い、竹や雑木の叢林を焼畑とした。小規模で、火入れにより春ヤブ、夏ヤブ、秋ヤブがあり、カライモ、麦（春）、粟、大根（夏）、ソバなどを作った。

徳島県三好郡山城町柿尾

吉野川中流域の左岸段丘上から急傾斜の山腹にかけて人家の点在する山村。ここでもアサギという大藪を伐って秋焼きのヤブという（ヤマヤキともいう）焼畑耕作をした。春焼もみられた。一戸当たり五反から一町ほど焼く。ソバ、粟、ヒエ、大豆、小豆、古くは麦類を、三年間ローテーションを形成して作った。

静岡県榛原郡本川町犬間

長島ダムの建設で水没のため移転した農家が多い。焼畑を主に、常畑イモ類、粟、ヒエ、黍、ソバ、大豆、小豆、大根、茶を栽培。春焼、夏焼の両形態があるが、秋に収穫するソバは主に夏焼型の焼畑であり、これをソバヤブという。他の時期のソバは春焼の焼畑にもみられるが、常畑の場合が多かった。ソバの他にも雑穀や野菜を栽培するが、このヤブの焼畑の後、茶を栽培することも多く、これがそのまま自然生えのような茶の木となって定着し、ヤブ茶と称してこの地域の特産ともなった。

静岡県藤枝市岡部町について

静岡県と言えばお茶どころである。お茶どころの静岡県でソバを焼畑の輪作作物として重要とした地域があった。静岡県藤枝市岡部町である。その岡部町を中心に据えて歴史的風土の産物としての食を明らかにした『東西の食文化―日本のまん中の村から考える―』（一九八九・六・三〇　農山漁村文化協会）の中からも抜き出してみる。著者は静岡県茶業試験場長を勤めた大石貞男氏である。

岡部町は南北十五キロメートル、東西六キロメートルほどの木の葉のような形をしている。その中を葉脈にも似た支流を数多く持つ朝比奈川という全長三十キロメートルの小河川が流れ、やがて瀬戸川と合して駿河湾に注ぐ。小河川といっても標高五百メートルから一気に駿河湾に流れ下るのであるから、なかなかの急流である。

岡部町は全地域の約七十パーセントが山地であり、水田がわずか十四パーセントにとどまる。古代から近代までかなり焼畑に依存せざるをえなかっただろう。

野本寛一氏は静岡の焼畑を奥地型と山口型とに分類していた。岡部町小布杉という所も山口型に含まれている。山口型焼畑作物はソバが断然多い。

岡部町では冬の料理で何と言っても喜ばれるのはそば料理であると言っている。本格的な手打ちそばが一番であるが、手間がかかるので、普通はどじょうそば、なべがき、そばがきなどとする。どじょうそばは、手打ちそばのように長く延ばさないで、どじょう位の長さに切った手打ちそばである。なべがきは、さつまいもと里芋とそばを合わせて固めたもので、いろりそばとも言っている。

以上焼畑の主要作物であるソバの栽培事例を見てきて、ソバという植物が焼畑農耕に適した作物であることを理解できた。また、焼いた跡の灰の熱が冷めきらない内にソバを播くとよいとされる、ソバの生命力の強さを感じる。ソバの研究者であった元宮崎大学名誉教授長友大氏（一九一八―二〇〇二）は、著書『蕎麦考』（一九七六・二・一五　柴田書店）の中で、ソバは「焼畑の牛肉」であると言っている（長友大氏には、新潮選書『ソバの科学』〈一九八四・四・二五　新潮社〉という著書もあり、ここではソバの栄養価の高いことを評して「畑の牛肉」と呼んでいる）。ソバは成分を見ると、栄養価の大きいかつ良質の植物性タンパク質からなり、ほとんどそのまま血や肉となると言ってもよいほど、私たちの体に有効な成分からできている。したがって、修験道の行者がそば粉を携行し水で溶かして食べ、荒行に耐える力を養うこともわかる。

焼畑とソバとが密接不可分の関係にあることを見てきた。焼畑地帯でもあった中国山地一帯は、よく知られるようにたたら製鉄が盛んに行われてきた所でもある。たたら製鉄は、農業とつかず離れずの関係にあったので、この点について、同時に製鉄地帯におけるソバ栽培についても、次に述べることにする。

【付記】元宮崎大学名誉教授長友大氏は、京都帝国大学で恩師竹崎嘉徳氏の薫陶を受けられた。竹崎嘉徳氏（一八八二―一九七五）は、一九五一年に設置された島根農科大学（現島根大学生物資源科学部）の初代学長に就任した方である。島根大学生物資源科学部同窓会誌創刊号（二〇一二年一一月発行）を見ると、竹崎嘉徳氏は島根県那賀郡下来原（現島根県浜田市金城町下来原）の出身である。

ソバ研究の大家である長友大氏を育てた師匠が島根県出身の著名な育種学の泰斗であることを知り、何かしら因縁めいたものを感じてうれしく思うものである。ソバ、そば、蕎麦をこよなく愛した長友氏は、竹崎氏の一言からソバの研究を始められたのである。長友氏は、晩年には長いひげを蓄え、まさに「蕎麦仙人」の風貌であったという。

私は今回久し振りに長友大氏の『ソバの科学』を書架から取出し、読んでいる。一七一頁から一八五頁までが「そばの左巻き・右巻き」の項目である。ここで、長友氏は、ソバがあたかも静かに神に祈って、その子葉を開くかのごとき姿に感動したと書いている。長友氏は、蒔いたソバの種が発芽し、子葉が展開する順序をひたすら観察していた時に、子葉のつき方に「左巻き」のタイプと「右巻き」のタイプの二通りがあることに気づいたという。さらに、長友氏は、子葉がいざ展開するという直前になって、ソバは二枚の子葉をきれいに畳み、私たちが神前で両手の掌を静かに合わせて合掌するかのような、何とも不思議な姿を見せることにも気づいたという。しかし、その状態にある時間は極めて短く、見逃すことがあるらしい。

このことを知って、私は再びソバの栽培を始めてみようと思う。以前は減反の田んぼで栽培した。栽培を止めて久しい。今度は、里山の地、出雲市佐田町佐津目でソバを栽培し、長友氏が発見したソバの神秘な姿を拝もうと、気持ちを新たにする。

たたら製鉄と農業とソバ

古くから出雲・石見・伯耆とその周辺一帯の中国山地は、良質の砂鉄を原料とする我が国屈指の産鉄地であり、「鉄山」と呼ぶ豊富な山林資源があり、「鉄穴流し」(かんながし)という水流による比重選鉱によって採鉱する技術を保持し、近代初頭まで製鉄の一大産地としての地位を確立していた。

島根県仁多郡奥出雲町においては、鉄穴流しによる地形環境変貌は、一見すると環境破壊であったかのようではあるが、実は多くの鉄穴流しの跡地は豊潤な台地として造成されて水稲が営まれ、今日に至って「奥出雲仁多米」としてのブランドを確立している。同時にこの台地は、斐伊川上流域の水がめとしての治水機能を現在は果たしている。さらに、鉄穴流しに用いる水を導いた「鉄穴横手」と呼ばれる用水路の多くは、現在の水田用水路として使用されており、自然との共生の中で育まれ日々の営みの中にうまく溶け込んでいる（奥出雲町教育委員会『奥出雲町文化的景観調査報告書―奥出雲たたらと棚田の文化的景観』二〇一三・三　一七頁）。

徳川幕府が始まった頃、日本の人口は驚くほど急増した。したがってコメの増産が求められ、新田の開発が急がれた。開発には鉄器が必要となり、そこで活躍したのが、戦国時代の城造り、城攻めに用いられた「黒鍬」という大形の鍬であった。「黒鍬」は普通の風呂鍬に比べれば格段に大きく、これから見て「新田開発で消費された鉄の量はバカにならない量であったろう」（雀部　実・舘　充・寺島慶一編『近世たたら製鉄の歴史』二〇〇三・一二・五　丸善プラネット四六・四七頁）と推測できる。

たたら製鉄の生産技術や交易、経済の歴史、そのルーツと文化的な特色などについてはその方面の専門書を読んでいただきたい。ソバ栽培に関わる所の、農業とたたら製鉄との間に生じた密接な関係について、少し触れたい。とはいえ、門外漢である私が確かな知識を持っているわけはないので、島根県飯石郡鍋山村（島根県雲南市三刀屋町）出身の原伝（つたえ）氏が書かれた『松江藩経済史の研究』（一九三四・一一・一〇　日本評論社、復刻版　一九七三・五・二〇　臨川書店）「第五章　松江藩の製鉄業と農業との関係」から要約し、抜き書きする。原氏（一九〇〇―一九三四）は、「京都帝国大学」で学び農村経済を研究、「日本経済史研究所所員」を嘱託されるなどして資料探訪のため全国各地を巡った。残念なことに氏は昭和九年（一九三四）、三十四歳の若さで他界された。この著書は遺稿である。

原　伝『松江藩経済史の研究』より

徳川時代における諸藩の財政は主として農業をもって維持された。時代が下るに従い財政の窮乏を打開するために農業の奨励と各種産業の育成を図った。松江藩は製鉄業を保護した。製鉄業と農業は密接な関係を持ちつつ両者は利害をともにし、又利害対立もした。

出雲地方における製鉄業は『出雲国風土記』に鉄に関する記載があるので起源は古く、天文五年（一五三六）仁多郡大馬木村で鑪（たたら）を始めた記録があり、永禄年間（一五五八～一五六九）に宇龍港（神門郡）で駄別税を徴収している所を見ると、おおよそ戦国末期から盛んになり鉄が他国に移出されたと思われる。寛永一五年（一六三八）入部した松平直政は製鉄業を引き続き許した。元禄四年（一六九一）天秤鞴《てんびんふいご》の導入により省力化が図られ著しく進歩した。松江藩の保護も積極的になり製鉄業は益々隆盛となり、時代によって方法は違うが藩は直接、間接に鉄の販売に関与し、製鉄業と藩財政とは離れることが出来ない関係になった。

徳川時代の中国地方で行われた鉄の生産方法を見ると、その工程はだいたい採取と製錬の二工程である。鉄穴流しにより採取した砂鉄を鑪という精錬場に送る。鑪において木炭を使い砂鉄を溶解し銑鉄を得る。銑鉄は鍛冶場に送られ精錬して錬鉄となる。精錬に使われる木炭は多量であり広大な雑木林を必要とする。出雲において製錬業の行われるところは、仁多、飯石両郡を主として大原神門の一部山間部であって、出雲にあってもっとも山間部に属し、人家少なく耕地も狭く、大森林に被われた斐伊川、神門川の上流地方であった。

製鉄工程と労働者との関係を見ると、鉄穴流しは農閑期において農民の副業として行われたが、鑪、鍛冶は鉄山経営者たる鉄師に属する専門的職工よって行われ、この労働者は山内者と称され一般農民とは別に鑪の付近に居を構えていた。木炭は、鉄山と称する木炭供給林に属する山子と呼ばれる専属炭焼労働者によって製造される。農民は、自己所有の森林の木炭を鉄師に売却したり、鉄山の木炭焼を引き受ける場合もある。製品の運搬は農民によってなされた。製鉄業の経営者は鉄師《てつし》と称せられる企業家であって、鑪、鍛冶場などの仕事場を所有し、かつ専属労働者を使用する、徳川時代とすれば相当進歩した経営組織であった言える。

松江藩において製鉄業の行われた地方は中国山脈の山岳地帯であった。この地方は森林繁茂著しく、そのため田畑日陰となり作物の生育は妨げられること多く、かつ鹿・猪など野獣の生息地ともなって、耕作物の被害は大きかった。したがって、この地方において製鉄業が始められると、森林は製錬用木炭供給のため利用され、田畑に対する被害も除去されるため農民は製鉄業の開始を望みもした。天明五年（一七八五）や嘉永六年（一八五三）に出された願書などを見ると、田畑耕作の利便を得る意味において製鉄業の開始を希望したことが分かる。

鉄山業の隆盛は藩の製鉄保護政策と相俟って農業を妨げた場合もある。元禄四年（一六九一）鉄山内において農民が山畑を開き立木を伐採するので、製錬用の木炭が減ることになり鉄師が困惑するため、山畑開発を禁止した。しかし、その後も引き続き鉄山に入り込み山畑を開墾する農民が後を絶たず、享保一五年（一七三〇）には山畑の開墾、立木盗伐を禁止しかつ鉄山へ入ることを禁じ、さらに禁を侵した場合本人はもとより庄屋、年寄、五人組の者まで処罰する旨を通達している。

鉄山は広大な地域を占めるので農民はコヤシヤマ（肥料用の草を刈り取る山をいう。柴草山ともいう）に苦しむことが多かった。特に仁多郡はもっとも山林が多いにもかかわらず却ってコヤシヤマに困難する奇現象を呈した。緩和策として藩は宝暦一一年（一七六一）仁多郡において草山がなくなった村は、鉄山に草山を設けることを許可した。しかし、鉄山内における草山は、農民はそこに生じる立木の伐採を禁じられていたので、立木が成長すると草刈り場を失うことになる。そのため農民はコヤシヤマへ放火し樹木の繁茂を妨げる非常手段をとったこともある。享和三年（一八〇三）の記録も鉄山放火の一例である。

砂鉄採取に当たって、水流によって山を崩すため多量の土砂が泥水となって河川に流出し、川水の色が変色するほどである。この泥水を灌漑用水に使用すると水稲に被害が出る。そこで藩は鉄穴流しの期間を秋の彼岸から春の彼岸までに限った。だが、鉄師は期間内の稼ぎが十分にならないので期間の延長を申し出た。農民はこれを阻止しようとするので、両者の間に紛争が起こることも珍しくなかった。例えば安政五年（一八五八）の「安政五年未御用留」という記録がある。鉄穴流しによる流砂は川底に溜まり川床を年々高め流水を妨げ、かつ灌漑用井手を埋め排水を悪くし、洪水のたびに低地に長く停滞し水稲を腐らせた。また洪水の原因ともなった。森林伐採も加わって長雨のたびに河川の氾濫、堤防決壊、田畑の被害、時には溺死する者まであった。例を挙げれば、延宝二年（一六七四）六月の洪水、元禄一五年（一七〇二）の洪水、嘉永元年（一八四八）の洪水、による水害である。宝暦四年（一七五四）には、川下五郡より藩へ鉄穴流し差止めを訴えたので、藩は鉄穴数を減らしている。

しかし、製鉄業は藩にとって重要な産業であるので、禁止するわけにはいかない。そこで被害の緩和をはかった。朝日丹波による斐伊川改修もそれである。丹波は川中に許可した新田を没収して除去し水行をよくし、堤防を高くし水害に備え鉄穴流しの回数を制限し、流砂による川床の高くなるのを防いだ。この工事は明和七年（一七七〇）から安永二年（一七七三）までかかった。また藩は天保二年（一八三一）に新川開削に着手した。しかし、その後も川床が上昇したので、河川の浚渫《しゅんせつ》をした。万延元年（一八六〇）の触書にもあるように鉄師に費用負担を命じたりした。

鉄穴流しによって水田に被害をもたらしたものであるが、間接的効果として新田を形成しえたことは看過できない点であろう。斐伊川下流、宍道湖に運ばれ堆積した土砂が新しい土地を形成し、さらに開墾されて新田になったものである。宍道湖岸に新田が盛んに形成されそこに農民の移住が行われ人口増加し、新田からの貢租は藩の租税収入を増やした。

次に製鉄業が農民の経済生活に及ぼした影響について記す。鉄山業が開設されれば、農民は農閑期を利用して鉄穴稼ぎおよび製品運搬に従事し、また鉄師が山子を置かず炭焼きを村内住人に請け負わすことがあったからこの労働にも従事する機会を得た。だから農民は鉄山業の開設を希望したものだった。農民が鉄師に依存し、鉄山稼ぎが農民に利するところがあった。そのほか、鉄師が鍛冶場を開設するに当たり村方の賛同を得た文書は少なからずあり、また村民はその共有林を鉄師に売却し、鉄師に対し種々の好意的援助、便宜を与えることを約束した例がある。飯石郡吉田村の鉄師田部長右衛門に対して発行した、「飯石郡入間村（広瀬領）村持鉄山立木一生売渡」の際における契約文書もある。

製鉄業は、農民にとって耕作以外の収入を得ることが出来、益することが多かったが、反面、不利益を与えることも少なくなかった。藩が鉄師を保護する結果、農民にとっては、粉鉄・木炭売却の制限を加えられたり、自己所有の山林についてもその木炭を納入すべき鑪を決められたりで、農民の他国への抜き売りは厳重に取り締まられた。他国への売却禁止は、粉鉄・木炭の市場を狭隘にし、鉄師の決めるままの価格となり農民は不利益だった。コヤシヤマに不足し、鉄山内の草山を許されても、そこに育った立木の処分権は鉄師にあったので、農民が自家用の薪炭、用材、燈火用の松脂の欠乏に苦しみ鉄山に入り込んで鉄師との間に問題が生じたことも少なくなかった。農民と鉄師は製鉄業に関連する種々の問題において紛争を繰り返している。農業と製鉄業は密接な関係を有し、互いに利害を共にする場合もあったが、また利害相反する場合もあったのである。その間に立つ藩の政策如何が両者に及ぼす影響は大きなものがあった。

鉄師が松江藩からもっとも保護されたのは、享保一一年（一七二六）における鉄師株仲間の設置である。その触書によって如何に鉄師が保護されたか明瞭である。鉄師が保護されたことは裏返せば、農民にとっては不利なことであった。文政二年（一八一九）、木炭買い上げ価格引き上げを要望して仁多郡の農民が鉄師可部屋方へ押し寄せようとしたことすらあった。

藩が鉄師を保護したわけは、鉄の販売に関与することによって多大の利益を上げ、藩の財政に資するためであったろう。貨幣の普及につれ正貨に対する要求が増大し、鉄はこれの獲得にもっとも適当する商品であり、しかも藩の財政ともっとも密接な関係にある大阪において販売されたからである。徳川時代の終焉が近づくにつれ、貨幣獲得の要求が増大し、窮迫する藩財政対策とせざるをえなかっただろう。鉄山業は農業および農民と密接な関係を有するがゆえに、農業の発達を阻害し、農民の利益を犠牲にせざるを得ない場合も少なくなかった。

以上、原伝氏が松江藩における製鉄業と農業との関係について書かれた論文を私が理解しえた範囲内で概略記したつもりである。著書は島根県立図書館に収蔵されているので、厳密にはその方を読んでいただきたい。ことに原氏が引用されている古文書については原文を読まれるとよいと思う。松江藩、鉄師、農民、この三者の関係は、互いの生存をかけた、厳しくも生々しいものであったことがわかる。製鉄業と農業の関係について触れられた著書として『日本製鉄史論集』(一九八三・一二・一　たたら研究会)があるので、参考になるかと思う。この著書の奥付を見ると、編集・発行は、広島大学文学部考古学研究室にある「たたら研究会」となっている。

たたら製鉄地帯のソバ栽培について

さて、中国山地沿いのたたら製鉄地帯にあってソバの栽培はどうであったのか、私が見つけることが出来た資料をわずかであるが記す。武井博明『近世製鉄史論』(一九七二・五・三一　三一書房)より。

出雲国飯石郡中来島村は、鉄山経営者永田家・家島家が在村した村である。「山間高冷で耕地狭小、生産力低位の単作地帯」であり、「広島・松江街道に沿い、藩境の赤名村に隣る村である」。検地帳に作付面積が記されており、著者がこれを整理して作表したものを転用する。【表1】

【表1】慶長7年（1602）中来島村の作付種名

作付種名	作付面積	%
稲	269 反 3.00	79.5
あわ	23 反 4.03	6.9
大豆	17 反 0.12	5.0
小豆	12 反 8.27	3.8
そば	9 反 2.00	2.7
（麦）	2 反 0.03	0.6
ひえ	1 反 1.06	0.3
な	5 畝 15	0.2
あさ	5 畝 09	0.2
不明	8 畝 27	0.3
荒地	1 反 8.18	0.5
計	338 反 8.0	100

ソバは二・七パーセントを占めている。著者は畑作物は自給的生産の性格が強いと言っている。大豆・小豆の作付がやや目立つのは、中来島村が松江・広島街道に面しているため、馬の飼育がなされ大豆はその飼料となり、小豆は販売を目的としての栽培があるかとも考えられる、としている。「（麦）」としているのは、麦作と考えられるので（　）書きになっている。

次に同じく中国山地の地主、出雲国仁多郡大谷村絲原家における明治六年（一八七三）の作物表を引用する。【表2】

次は、広島県比婆郡比和町森脇（旧恵蘇郡森脇村）名越覚氏所蔵にかかる鉄穴関係史料からの報告である。『芸藩通史』によると、比婆郡は、田地は狭く痩せ土で五穀は生育しがたく、茶、楮、竹、柿の類も生えない大雪の所で、生業は農業を専らにし、農閑期に鉄鉱炭焼に従事する者が少なからずいる、と記されている。著者が「広島県統計書」で確認した明治一七年（一八八四）における恵蘇郡の農産物の表を引用する。【表

【表 2】明治 6 年出雲国大谷村絲原家作物表

品　　目	収穫高
米	18 石 162
大麦	1 石 0925
小麦	3 斗 73
大豆	1 石 831
小豆	3 斗 6
豌豆	9 升 5
粟	1 斗 17
唐きび	4 升 5
そば	3 斗 15
ゑごま	3 合 5
大根	66 そうき
里いも	9 そうき
つくいも	3 貫
からし	5 升 6
しゅな	8 升 5
荒芋	20 貫
	(16 貫 560)
楮	9 貫 500
	(3 貫 950)
菜種	8 升
こんにゃく玉	2 貫 700
竹の子	85 貫
	(23 貫 500)
松やに	1 石 3

(　) 内は販売した数量。米は不明。

3】
　麦以下は自給的作物であると著者は言うが、ソバは商品作物ではなかったかと私には思われる。
　恵蘇郡のソバのことは次の項で触れるように、田部長右衛門氏が松平不昧公に恵蘇郡産のソバを献上したという話が伝わっている。
　恵蘇郡の「物産」の一つとして「鉄」があって、『芸藩通史』巻百三十五に次のように掲載されている。

【表 3】明治 17 年恵蘇郡農産物表

品　目	産額	対県比
米	13,676 石	2.2
麦	2,815 石	0.6
粟	218 石	0.9
稗	100 石	2.2
蕎　麦	273 石	1.9
大　豆	255 石	1.2
小　豆	128 石	1.6
蚕　豆	6 石	0.08
豌　豆	22 石	0.4
馬鈴薯	1,283 貫	1.6
蘿　蔔	46,566 貫	0.3
藍	528 貫	0.2
煙　草	777 貫	0.3
綿	669 貫	0.06
大　麻	3,349 貫	1.2

(「広島県統計書」)
「対県比」とは広島県の産額合計に対する比率を示している。
「蘿蔔」(らふく) とは大根のことである。

鉄　郡内、鉄を生ずる、十六村あり、各沙鉄を採て爐所に致す、当郡は、官爐二所のみにて、私爐なけれども生理を助くるもの多し、鍛冶は、官私ともにあり、千割鍛冶といふもありて、生鉄を受て、細に割る、是は、長割とは、別にして、常の冶工にも異なり

出雲の鉄師御三家と蕎麦との関わり

たたら製鉄地帯内のソバ栽培についてはわずかであるが、前項で触れることが出来た。ここでは、出雲の鉄師御三家が蕎麦とどう関わったかを見てみたいと思う。絲原家、田部家、桜井家の順に記す。

一　絲原家（島根県仁多郡奥出雲町大谷）

一昨年（二〇一四）の冬、絲原家に伺い蕎麦道具を見せていただく約束でカメラマンと一緒に行こうとしたら、雪が沢山積もっているので、道具を出すことが出来ないと連絡が入った。仕方なく後日を期すことにした。今年（二〇一六）になって改めて連絡を入れた所、承諾をくださった絲原氏は昨年他界されたとのこと、私は驚いた。早すぎる死であった。そこで現当主に伺いを立てた上での連絡を待ったが、許可は下りなかった。私は自分の非力さを思った。

随分前に絲原記念館（絲原家が運営する、たたら製鉄の歴史と文化を紹介する施設）を尋ねたまま、最近は見学に行っていないので、今年六月末に再訪した。久し振りに尋ねた記念館は、山間の杉木立の中、整然と整備されて趣き溢れる気持ちよさであった。鉄師頭取を務めた往時の経営者の風格を感じ取った。しかし、繋がりの糸がなくなってしまい、蕎麦道具が存在するであろうという認識だけで、蕎麦との関係はわからずじまいである。

二　田部家（島根県雲南市吉田町）

田部家と蕎麦とはどのような関わりがあるかについて書こうとすると、前置きがかなり長くなる。きっかけは不思議な所にあるものである。そのことから書き始めねばならない。

数年前に友人から教えてもらった広島県庄原市高野町にある有名なしだれ桜のお寺・円正寺に毎年通うようになった。松江尾道線（中国やまなみ街道）の「道の駅たかの」で小休止するのが常である。一昨年（二〇一四）、この道の駅の農産物直売所で、「献上そば」と銘打った乾麺を見つけた。「え、何だ」と一瞬思った。「献上そば」と言えば、出雲の老舗そば店「献上そば羽根屋」のことしか知らない私は「変だな」と思わずにはいられなかった。羽根屋の社長、石原一徳氏にこのことを尋ねた。「高野町で献上そばを売っているが、ご存知ですか」と。石原さんの答えは、こうであった。「そのことは道の駅で見たので、知っている。自社の商標登録の書類を確認すると、父親の代で登録の更新がしていなかったことが判明した。切れてしまっているので、相手に対して無効を主張することはできなかった。慌てて更新手続きをしたが、後の祭りだった」とのことであった。結果、二つの「献上そば」が出来てしまったわけである。

乾麺の「献上そば」を販売している先を探索した。発売元は、「まちおこしグループ　口和そばの会」であった。話を聞きたくて、会の事務局の三吉龍次氏に会った。三吉氏によると、出雲空港の近くのそば屋さんの壁にかけてあった文書を基に調べて「献上そば」と命名したと言われる。その文書は松平不昧公に関するものであったという。私も調べてみたところ、原文は『松平不昧伝』の一文であった。

（前略）蕎麦を献上せることを載す、鉄山師田部長右衛門の毎年献上せるものは備前国（備前ではなく、備後が正しい）恵蘇郡金尾産の蕎麦なりきと伝ふ（後略）

松平不昧公に献上したという金尾のソバの実が、口和町に残されていたのを見つけ、その在来種を復活させて町おこしにつなげようと企画したという訳である。事の顛末はこのようであった。私は、三吉さんに「〈献上そば〉ではなく、〈金尾そば〉とするべきであった。町おこしの趣旨から言って、その方がふさわしかった」と主張した。

「口和そばの会」は一九九九年に地元有志ら十五人が集まって出来たグループで、減反の田を利用してソバ栽培を実践している。町内にある「モーモー物産館　そば処しんぎょう庵」に金尾そばを提供している。

上質のソバを栽培することが出来た「金尾」という場所が見たくなり、口和町湯木の郷土史家・原　良三氏に案内してもらい、現地を目指して人気のない森の中の山道を車で走った。「金尾」とおぼしき場所に着いたが、残念なことに今は木が覆い繁っていて、ソバ栽培の風景を想像することすらできなかった。金尾周辺も豪雪地帯である。道すがら、原さんに鉄穴流しの跡地をも教えていただいた。

原さんがまとめた口和町の史跡ガイドブックを読むと、口和町内に田部家が営んだたたら製鉄の炉跡があるという。焼けた赤土の炉壁の一部が写真で紹介されている。数少ないたたら製鉄の遺跡であり、今以上の破壊が進まないことを原さんは願っている。

田部家から不昧公に蕎麦を献上した記録が、田部家にあるかどうか、確かめるために田部家が経営する会社に電話を入れたが、後日連絡があり、「とても調べることは不可能に近い」という返事であった。

金尾では本当にソバを栽培したかどうかという疑問が生じた。今はとても考えられないような土地である。がしかし、実は栽培していたのである。記録があった。

『芸藩通史』巻百三十五「物産」の項に、

蕎麦　寒地を好むものなれば、金尾蕎麦名産とす、

とあるではないか。田部家が献上したというのは、不味伝の記述と併せて考えれば、信用できそうである。『芸藩通史』の「物産」の項には、他に金尾峠産の蕨・蓬は沢山できて「佳なり」とあり、金尾山産のウドも「佳なり」と記されている。また、「鉄」も挙げられている。『芸藩通史』の編者は名代官といわれた頼杏坪である。頼山陽は甥にあたる。

吉田町におけるたたら製鉄の歴史や文化を紹介する施設として、「鉄の歴史博物館」（雲南市吉田町）がある。

三　桜井家（島根県仁多郡奥出雲町上阿井）

一昨年桜井家を訪ね、蕎麦道具の取材を申し込み、「可部屋集成館」（館長・桜井三郎右衛門）内で什物を展示する機会に伺うことになった。今年（二〇一六）電話を入れたところ丁度展示期間中であり、五月二一日にカメラマンと一緒に行き、桜井家当主・桜井三郎右衛門ご夫妻に会い、取材することが出来た。

桜井家は、豊臣方の勇将・塙団右衛門を始祖とし、今の広島県庄原市高野町でたたら製鉄を創業後、現在地に移り松江松平藩の鉄師頭取を務めた。田儀桜井家は一門で、同じく製鉄業を営んだ。

出雲の割子そばの淵源を訪ね歩く作業の上で、桜井家は重要な意味を持つ家である。この点に

ついて順を追って書き進んでいく。

まず第一点は、ワン・ライン発行『おいしい出雲そばの本』四四ページで、藤間亨氏の家には明治九年の小判形の割子容器があるが、藤間氏が話されている「桜井家には寛政二年のものがあります」と言われたことの確認がしたかったことである。桜井三郎右衛門氏及びご家族の方が懇切に対応してくださった。それと思われる什物が屋敷に準備してあり、説明を聞いたが、私には野掛弁当の道具のように思われた。箱の中には醤油や酢を入れる器、酒を入れる器などがあり、そばを食べるためのものではなさそうな感じがした。多くの収蔵品の中から、改めて別に什物を探し出してもらうのも造作であり、それ以上の詮索はしないことにした。

第二点は、松平不昧公生誕二百五十周年記念出版実行委員会発行『松平不昧と茶の湯』（二〇〇二・三・一）の中、荒木英之氏が書かれた「本陣宿の不昧膳」と題する一文にある、割子そばに関する内容である。同書、四〇九・四一〇頁に次のように書かれている。


（前略）この時、大好物の出雲そばの破子を携帯して「紅葉狩り」を愉しんだ。（中略）

紅葉狩り献立は、破子（わりご）そばである。破子とは割子碗の祖形で、長四角、仕切り入り、高さ三糎余りとやや深い。漆塗りで厚さ三糎ほどにしてはとても軽くカサコソした肌触りの木質は杉のような木目。これを五枚重ね四組をちょうど出前箱様の木箱に納めて携帯した。同家では五十組用意した。そばつゆは土瓶か徳利にヒシオミソの溜まりを入れ、同家で蛸壺と呼ぶ猪口で冷かけしたようである。具は削り鰹節・おろし山葵大根・刻み葱・揉み岩海苔で、破子の仕切り

でそばと隔てた。当時は旧暦だから、まさに新そばの季節。しかも紅葉の盛り。治郷の満悦や思うべしである。（後略）

荒木氏の説では、不昧公は割子そばの道具を携帯したとあるので、真偽のほどは松平家に確認をしなければわからないことになる。だが、現実対応することは難しい。また、桜井家で保管されている器とは大きさが違い（長方形の長さ・幅が書かれていないので、大きさが判然としないが）、高さは三糎と書かれているので桜井家のものより短い。仕切りがあることは共通である。桜井家の器の寸法は後述する。

桜井家のご家族の話されたことには、「ヒシオミソの溜まり」は他の食べ物に使う調味料であり、「蛸壺と呼ぶ猪口」は同家では用途が違う、ということであった。そして、そばの献立書は桜井家には残っていないので、わからないとも言われた。荒木氏に確かめることはできないので、このことは不明のままである。

第三点として、採寸した破籠（わりご）そばの器の大きさについて述べる。

「可部屋集成館」には三種類の破籠そばの道具が展示されていた。調製された年月が箱書きされているものが二つ、箱書きがないものが一つある。年代の古い順に記す。

1．天保六年（一八三五）のもの

箱に「輪島製」と書かれている。五段重ねの二列で、破籠は十個入る。一個の破籠の器の大きさ（外径）は、

長さ　一九センチ、巾　一〇センチ、高さ　六センチ、という長方形である。

中仕切りは、約八対二くらいの割合の位置で、一四・五センチと四・五センチの間の位置についている。**写真⑰**

2．天保一二年（一八四一）のもの

五段重ねの五列なので、破籠は二十五個入る。箱は天保六年の分に比較するとずいぶん大きくなる。上部に中棚があり、他の器を入れるようにしてある。一個の破籠の器の大きさ（外径）は、

長さ　一八・七センチ、巾　九・三センチ、高さ　六・五センチ、

になっているので、天保六年の物と大きくは違わない。

中仕切りは、約七対三くらいの割合の位置で、一三・七センチと五センチの間の位置についている。**写真⑱**

3．年号の記載がないもの

「春慶　蕎麦破籠三拾」と箱書きされている。十段重ねの三列、箱書きの通りで、破籠は三十個入る。一個の破籠の器の大きさ（外径）は、

長さ　一六・五センチ、巾　一〇・五センチ、高さ　四センチ、

になっており、中仕切りはない。天保の物と比較すると、長さで約三センチ、高さで約二センチと寸法が短くなっていて、小ぶりな感じがする。底板の厚さは約八ミリであった。私の勝手な推測であるが、什物の保存状態の良さ、中仕切りがなくそばの薬味は別の器に入れて使用したと

思われる点、一つ一つの破籠の大きさが小さくなっている点から、天保一二年のものより後に製作されたのではないかと思う。**写真⑲**

この三種類の什物は、出雲地方に保管されている割子そばの容器の中では最古の品物であり、貴重な文化遺産である。器の大きさについては、「第八章　割子の器の考察」で出雲のそば屋、献上そば羽根屋に残されている器物と比較の上、検討する。

なお、桜井家には破籠とは別の、出雲大社近くにある本陣宿であった藤間家同様に、不昧公好みの蕎麦懐石膳が伝わっている。椀は輪島塗である。**写真⑳**

出雲・三瓶《さんべ》・隠岐のソバ栽培

日本へのソバの伝播のルートは二つ考えられると、「神在月出雲全国そばまつり」に招待し講演していただいたことのある故・氏原暉男氏（一九三四―二〇一三。元信州大学名誉教授）は言っている。一つは南からのルート、朝鮮半島を経由し対馬を中継点として渡来したとする説。もう一つは北から中国北東部、シベリア、沿海州から北海道、東北地方へと伝わったとする説である（『ソバを知り、ソバを生かす』〈二〇〇七・一〇・二〇　柴田書店〉三二～四三頁）。

日本の歴史を見ると、ソバ栽培は旱魃に強いため救荒作物として始まっているようだ。ソバは漢字では蕎麦と表記している。この文字が日本で一番古く使われた文献は『続日本紀』で、養老六年（七二二）女帝の元正天皇が「旱魃に備えて麦、蕎麦を栽培せよ」という詔を出したという記述である。

ソバは、山間や山麓など昼夜の気温差が大きくて、冷涼とか寒冷と言われる地域や地形が適している。日本のソバの三大産地と言われてきた所、福島県の桧枝岐、徳島県の祖谷、信州の川上村はそういう条件に満ちていたわけである。現在みられる栽培地や収穫高では北海道が群を抜いているが、圧倒的に東日本が多い。北海道の幌加内、音威子府など最低気温がマイナス四〇度付近を記録するような寒冷地から、秋田、山形、岩手、福島、栃木、茨城、長野、福井、さらに九州の鹿児島などが産地として分布している。沖縄にのみソバを栽培したという記録がない。

古くは全国どこでもソバが栽培されて明治の頃までは続いたが、次第に国内での栽培地が減少して、海外からの輸入に傾斜し、自給率は低下していった。近年、ソバ栽培の途絶えてしまっていた地域でも、休耕田の転用や地域興しの一環として復活する傾向がみられるようになり、自給率が上昇するようになったことは喜ぶべきことである。

島根県内のソバ栽培統計数値（明治期から平成期初めまで）をワン・ライン『おいしい出雲そばの本』（二〇〇〇・七・二〇）一四五～一四七頁に掲載しているので参考にしていただきたい。

島根県内のソバ産地として、松江の趣味人・太田直行氏は「仁多の八川」を第一に挙げ、石見では三瓶を挙げている。三瓶は、『蕎麦志』（一八九五・一一・一五　京都・河道屋）にソバの産地として「信濃国」から始まる十七か国の一つに、「石見国　産出多シ而シテ安濃郡三瓶山ノ産ヲ佳トス」と数えられている。そこで、この項では太田氏の言う「仁多」と「三瓶」、仁多以外の出雲部（部分的）のソバ栽培について、さらに栽培面積・収穫量は少ないが、独特のそば食文

【表4】仁多郡奥出雲町栽培面積

年	栽培面積
2013年	112ha（内、横田小ソバ：12ha）
2014年	107ha（内、横田小ソバ：12ha）
2015年	107ha（内、横田小ソバ：28ha）
2016年	110ha（内、横田小ソバ：30ha）

（注「猿政小ソバ」も横田小ソバに含む）

化を保持している隠岐の栽培についてわかる範囲内の数値を記す。

出雲部の栽培

太田直行氏の言う「仁多」は、今の仁多郡奥出雲町であり、奥出雲町農業振興課で把握している最近四年間の栽培面積を記す（収穫量は把握できないとのこと）。【表4】

仁多郡奥出雲町以外の出雲部で、ソバ栽培の数値をつかむことが出来た地域を次に記す。

出雲市においては、地元のソバ粉でそば打ちがしたいという要望から、二〇〇三年九月八日に「出雲そば生産組合」が発足し、事務局は当時のJAいずも営農企画課に置いた（現在はJAしまね・出雲地区本部総合指導課）。減反政策の下で、転作田を利用した栽培である。出雲そば生産組合の発足時からの栽培面積と収穫量を抜き出すと次の通りである。数値は、JAしまね・出雲地区本部総合指導課からの提供である。【表5】

御覧の通りで、栽培面積と収穫量とは比例しないことが分かる。年ごとに気象条件の変化や、病虫害の有無により変化している。ソバは安定した収量を上げることが難しい。

二〇一五年の品種別の内訳は、【表6】の通りである。

【表5】出雲市栽培面積・収穫量

年	栽培面積（ha）	収穫量（t）
2003年	12.3	5
2004年	31.4	5.6
2005年	55.4	25
2006年	58.2	43
2007年	70.6	21.8
2008年	78.4	51.6
2009年	89.9	56.1
2010年	80.3	35.3
2011年	88.8	26.6
2012年	102.1	56.6
2013年	119.2	17
2014年	130.7	29.5
2015年	138.3	37.6

【表6】出雲市2015年品種別内訳

品種	栽培面積（ha）	収穫量（t）
信濃	61.8	14.5
出雲の舞	76.5	23.1
合計	138.3	37.6

（「出雲の舞」は2014年に島根県が登録した品種）

次に、僅かではあるが、雲南市大東町の北村集落（五〇軒）の数値を記す。【表7】この集落は、一九八九年から転作作物にソバを取り入れ、今日まで蕎麦による地域起こしに取り組んでいる。「北村ふれあい交流館」を建設し、そこを会場にして毎年そば祭りを開催している。今年（二〇一六）で十三回目を迎える。約三百人の来場者を数えている。

ソバの実は当初どこから分けてもらったか、仁多か三瓶だったか、記憶が判然としないと、久方ぶりにお会いした新田玲三郎氏は言われた。大東地区の在来種かなと私は思っていたが、違うようでもあり、はっきりしない。

【表7】北村集落栽培面積・収穫量

年	栽培面積	収穫量
2014年	116a	179kg
2015年	116a	725kg

【表8】松江市栽培面積・収穫量

年	栽培面積（ha）	収穫量（t）
2006年	82.7	50.2
2007年	71.5	33.7
2008年	105	68
2009年	127	39
2010年	119	68
2011年	132	25
2012年	127	56
2013年	138	19
2014年	157	35
2015年	161	98.3

次に、松江市宍道町にある学問の神様・菅原天満宮のおひざ元である菅原地区のソバ栽培について簡単に述べる。一九九〇年ごろから「菅原そば会」を結成し十数人のメンバーで蕎麦に取り組んできたが、現在は栽培していないとのことだった。上野山（わのやま）という土地で、多い時は四ヘクタールくらい栽培していた。種は在来種の宍道産であった。風味豊かなおいしいそばが楽しめたのに、久しくお会いすることのない当時会長を務めておられた煎沢勝嘉氏の元気な姿を思い浮かべながら、誠に残念な思いに駆られるばかりである。

松江市の栽培実績の数値を、JAしまね・くにびき地区本部米穀畜産課から提供された資料に基づき記す。【表8】一九九七年に、松江市、松江商工会議所、JAくにびき、松江蕎麦同業組合、製粉業者、地元の生産農家

【表9】松江市2015年品種別収穫量

品種	収穫量
信濃1号	64.3t
松江在来種	34
合計	98.3

【表10】5地区の合計栽培面積

奥出雲町	107 ha
出雲市	138.3
松江市	161
三瓶	13
隠岐	6.5
合計	425.8

が手を結び、地ソバの栽培、地粉による出雲そばの新ブランド「玄丹そば」を誕生させた。ブランド名は明治維新直後の松江藩の危機を救ったといわれる女傑「玄丹お加代」の名前から命名した。

二〇一五年の品種別収穫量の内訳は【表9】の通りである。

三瓶の栽培

石見の大田市三瓶地区においては、栽培地が三瓶町池田・志学・多根であり（一部山口町もある）、近年の栽培面積は変動なく一三ヘクタールである。今年（二〇一六）は一五ヘクタールとなった。（三瓶町小屋原の千蓼庵、岩谷克司氏より資料提供）

隠岐の栽培

隠岐郡、隠岐地区では、昨年（二〇一五）が六・五ヘクタールで、今年（二〇一六）は八ヘクタールである。（JAしまね・隠岐地区本部経済課より資料提供）

島根県内栽培数値の全国比較

雲南市大東町を除く上記五地区の二〇一五年の栽培面積を合計すると、【表10】の数値になる。

二〇一五年の島根県全体の栽培面積は、六四二ヘクタールであるので、この五地区で六六パーセントを占めている。ちなみに、島根県は国内順位

【付表 1】2015 年国内ソバ栽培の都道府県別データ（20 位まで）

作付面積（ha）			収穫量（t）		
1.	北海道	20,800	1.	北海道	16,000
2.	山形	4,900	2.	長野	2,340
3.	長野	3,970	3.	茨城	1,980
4.	福井	3,720	4.	福井	1,970
5.	福島	3,620	5.	栃木	1,680
6.	秋田	3,110	6.	山形	1,620
7.	茨城	2,870	7.	秋田	1,370
8.	栃木	2,100	8.	福島	1,300
9.	岩手	1,620	9.	鹿児島	1,040
10.	青森	1,540	10.	岩手	972
11.	新潟	1,520	11.	新潟	638
12.	鹿児島	1,120	12.	青森	493
13.	宮城	647	13.	群馬	444
14.	島根	642	14.	宮崎	351
15.	富山	547	15.	熊本	321
16.	熊本	526	16.	島根	315
17.	群馬	467	17.	富山	268
18.	広島	399	18.	埼玉	221
19.	滋賀	397	19.	滋賀	218
20.	宮崎	386	20.	宮城	162
〈以下省略〉			〈以下省略〉		
全国		58,200	全国		34,800

【資料　農林水産省】

としては、【付表1】の通り、作付面積が一四位、収穫量が一六位である。柴田書店『そばうどん第41号』（二〇一一・一一・一）五二頁には、「全国のソバ産地、生産状況とそば事情」の項目の中で、「島根徳島」を取り上げていて、「日本でも屈指のそばどころとして知られるのが島根県。そば好きなら、出雲そばの名を知らない者はいないだろう。それなのに島根県のソバの生産量は、意外に少ない。平成二二年の作付面積は、四五三ヘクタールで全国一四位。収穫量は

【付表2】ソバの輸入数量　　単位：t

年度	中国	米国	ロシア	他	総合計
2013	80,624	12,526	501	924	94,574
2014	86,817	11,666	11,816	1,853	112,152
2015	57,954	15,498	7,245	2,516	83,214

【資料　財務省】
注1：むき実は玄ソバに換算
注2：年度は4月～翌3月

二四五トンで全国二四位にとどまっている。主な生産地は、横田小ソバの産地として知られる奥出雲町、玄丹そばで売り出している松江市、出雲大社のある出雲市、島根半島の沖にある隠岐諸島の隠岐郡など、それぞれ個性のあるソバ産地である」と紹介している。参考までに、日本の過去三か年のソバの輸入量を【付表2】に示す。

【付記】参考資料として、江戸時代中期・享保年間（一七一六～一七三五）の松江藩内に存在したソバの品種名を挙げる。江戸幕府から『庶物類纂』の編集を命じられた丹羽正伯（一六九一－一七五六）が大規模な産物調査、方言名による動植物の全国調査を目論み、諸藩に報告書の提出を指示した結果、松江藩も享保二〇年（一七三五）中か遅くとも翌元文元年（一七三六）の早い時期に『出雲国松江領産物帳』を完成させ提出した。示された書式例は極めて行き届いたもので、「穀類」は、早稲、中稲、晩稲、餅稲、粟、稗、黍、大麦、小麦、等々細分類されて、「蕎麦」も挙げられている。

蕎麦
いらたか（大そは共申候）　小そは（しなそは共申候）
かどそは　餅そは

米そは　　　しなの
はなたか

この七つの品種が挙げられている。これらが今日のどの品種に当たるのであろうか。ソバ栽培の専門家の方は理解されるかもしれない。

同じころに仕上げられた尾張藩の『尾陽産物志』には、ソバは九種類の品種が挙げられており、「米ソバ」「カドソバ」「イラタカ」「信濃」は出雲と共通の品種名である（新島繁『蕎麦史考』「ソバの品種」より）。

産物帳に挙がっているソバの品種名はわずかであるのに比べて、稲、粟、稗、大麦、小麦などはおびただしいほどの品種名が挙げられており、驚くばかりである。方言名で挙げるように命じられているので、藩内全ての村々からその土地の言葉で書き出されており、重複する品種もあるとは思うが、それにしても種類が多い。農産物を栽培する上で、土地ごとに収穫量を増やすための工夫があった結果とも考えられる。米作りを含め営農活動を全くしない私には、理解を越えた範疇の内容であるが、事実は事実として興味深いものがある。産物帳提出後に、松江藩も絵図註書の提出を求められ、『絵図註書帳』を元文二年（一七三七）五月以降に完成させ江戸へ送っている。ソバの品種名の出典は、田籠博『出雲国産物帳』（二〇〇八・三・二五　ワン・ライン）二〇頁である。

また、田籠博氏に確認したところ、『隠岐国産物帳』「穀類　蕎麦」の個所に、「わせそは」「おくてそは」の二種類が挙げられていること、隠岐島の村上家所蔵の『隠岐国海士郡海士村産物控』には、「おくてそば」の一種類のみ挙げられていること、を答えていただいた。

江戸時代にソバの栽培方法について記した著書としては、天和二年（一六八二）に松江藩の地方役・岸崎佐久次が書いた『田法記』があり、その中で次の内容が記されている。

七夕前、土用をかけて、ソバ、菜、大根を蒔くこと

麦の後には、茄子、たばこ、大小豆、ソバ、稗、藍、胡麻の類を植え付けること

ソバ種は、一反に一斗五升くらいが必要であること

第七章　出雲そばの近隣への伝播を探る（出雲と隣町のそば屋）

出雲・献上そば羽根屋（島根県出雲市今市町本町五四九）

出雲そばは近隣へ伝わったのかどうか。出雲、伯耆、石見のそば屋をそれぞれ一軒ずつ調べてみることにする。

まず出雲のそば屋を見てみようと思う。そば屋としての器物の保存展示、記録の保管がなされている点を考慮して、出雲市の中心商店街の中にある、献上そば羽根屋をとり上げる。

江戸末期創業という献上そば羽根屋は、出雲そばの伝統を守り続けている老舗である。姓は石原と言い、石原家の家系図や店で使ったそばの器物を保存・展示している。そばの打ち方は、出雲の伝統的な流儀、「一本棒・丸延し・手ごま（こま板を使わず庖丁に手を当てて切る）」であり、今日まで保持している。店舗は、増え続けるお客さんのために、最近外装・内装ともリニューアルした。**写真**⑪⑫本店のほかに、支店が二店舗あって、国道九号沿いの「大津店」と出雲文化伝

石原家家系図

初代	孫兵衛	享保20年（1735）	――天明　7年（1787）	52歳没
二代	治郎右ヱ門	宝暦　5年（1755）	――文政　3年（1820）	65歳没
三代	民左右ヱ門	明和　7年（1770）	――文政　2年（1819）	49歳没
四代	彦三郎	？	――文政12年（1829）	？歳没
五代	甚平	文化　4年（1807）	――元治　元年（1864）	57歳没
六代	富右ヱ門	天保　5年（1834）	――明治31年（1898）	64歳没
七代	熊市	慶応　2年（1866）	――昭和　7年（1932）	66歳没
八代	甚四郎	明治　8年（1875）	――大正11年（1922）	47歳没
九代	勇一	明治34年（1901）	――昭和54年（1979）	78歳没
十代	幸夫	大正13年（1924）	――昭和61年（1986）	62歳没
十一代	一徳	昭和26年（1951）	――	
十二代	健太郎	昭和58年（1983）	――	

承館の敷地の奥まった所にある、出雲流庭園を眺めることができる「伝承館店」である。

現在の主人は石原一徳氏で、数えて一一代目になり、一緒に働いているご子息の健太郎さんが一二代目になる。一徳氏から預かった家系図を見ると、上の図の如くである。

初代の生まれ年から十代の没年までを数えると、二五一年になり、一世代の年数は平均して二五年になる。五代目・甚平さんが五七歳で亡くなられた時、六代目・富右ヱ門さんは三〇歳になっていて、明治元年（一八六八）には富右ヱ門さんは三四歳になっている。出前箱の箱書きは明治二六年（一八九三）で、富右ヱ門さんが亡くなる五年前である。石原家の五代目、六代目の存命の年代を考えると、一徳さんが言うように、羽根屋は江戸末期にはそば屋として創業していたと思われる。

羽根屋本店内に展示されている器物は、明治四〇年（一九〇七）、後の大正天皇に献上したことなどを書いた「献上そばの由来」の掛軸、明治二六年箱書きの出前箱（岡持）、割子の器が三種類、明治初期のもの（黒塗り）、明治中期のもの（朱塗り）、木製八雲塗丸型（朱塗り）や鶴首の出汁注ぎ、である。割子の器の寸法は「第八章　割子の器の考察」で検討し書き記す。他に、皇室への献上用にあつらえた、そば懐石膳の器も展示されている。**写真㉑㉒㉓㉔㉕**

羽根屋としての全国への出雲そばピーアール活動は、故・石原昇氏（十代石原幸夫氏の実弟、羽根屋松江店店主として積極的に営業された）から一徳氏が聞いたところによると、九代勇一氏が昭和三五年（一九六〇）頃、井筒屋の博多店（二〇〇七年三月閉店）か小倉店に実演販売に出かけたという。その後は、松江そば組合の「十一軒」浅津氏を中心としたメンバーに加わり、昇氏は昭和四五年（一九七〇）頃より各地へ島根県物産展としての実演販売に出張した。一徳氏は、昭和五〇年（一九七五）から十年間、叔父である昇氏とともに出張販売に、東京の東急百貨店渋谷店、松坂屋上野店、東武百貨店池袋店、関西の近鉄百貨店大阪上本町店、そごう神戸店、中国地方のそごう広島店、四国の三越高松店へ出かけた。松江そば組合が熱心に出雲そばのピーアールに努力したのもこの頃である。羽根屋は、その後は店舗販売のみに切り替え、現在出張販売を行っていない。

また、二〇〇二年一一月に「第一回神在月出雲全国そばまつり」を出雲市で開催したことがきっかけとなり（現在も続いており、二〇一六年に十五回目を迎えた）、私と田辺達也さんとが働きかけて、一徳氏に二〇〇四年一〇月に「出雲そば商連絡協議会」を十五店参加の下結成していただいた。六年後に、組織名を「出雲そば商組合」に改称した（二〇一六年一〇月現在、十三店が加盟している）。かつて、出雲市内にもそば組合があったが、昭和五十年代半ばに活動を休止していた。久方ぶりにそば屋さんが手をつなぐ組織の復活を見たことになる。役員、規約を決め二カ月に一回研究会を開催している。そば屋さんの横のつながりは大切である。私は、そば屋さんの相互の切磋琢磨から、新たな価値が生まれるものと考えている。

なお、一徳氏は自店の経営とともに、若いそば職人の育成にもやぶさかではない。同業他店の経営者になっている方、独立開業した方、今後自分の店を持ちたいと日々羽根屋本店で働いている若者などがいる。私が印象に残っている方に、沖縄出身の若い女性がいる。現在、沖縄でそば屋兼居酒屋を営んでいるという。羽根屋本店で出雲流のそば打ちを習得し、ふるさと沖縄に帰って行った。沖縄の海で育った、沖縄の眼をした元気の良い姿を思い浮かべることが出来る。

境港・平田屋そば店（鳥取県境港市渡町一三〇一）

出雲そばは、お隣の伯耆国（現在の鳥取県西部）に伝わったのか、いないのか。このたび気持ち新たにして、かつてワン・ラインで発行した『出雲そば街道―出雲・石見・隠岐・伯耆国のそば屋めぐり―』（二〇〇七・六・二九）に掲載させてもらったことがある平田屋そば店に久し振りに行き、そばを食べた。車一台がやっと通れる小路を抜けて駐車場にたどり着いた。二階建ての時代が感じられる、いかにも重厚で風格のある店構えである。百五十年の歴史があるというこの店のメニューは、ざるそば、やまかけそば、釜揚げそばの三種類のみ。細打ちの歯ごたえのある麺をやや辛めのつゆでいただく。「さすが」と思わせる味である。古くからの常連客が通うのもうなずける。取材を兼ねて二度目に行った時に、隣席の団塊世代とおぼしき夫婦のそばをすする中でのつぶやき、「米子に帰った気がする」という言葉に私は「なるほど」と感じ入った。**写真⑬⑭**

出雲の影響で「割子そば」のメニューがありはしないかと秘かに期待していたが、その思いは打ち消された。だが、「釜揚げそば」は出雲の伝統的な食べ方であり、ここ渡町にも伝わっていたのである。健康食である釜揚げそばは出雲の国から伯耆の国に伝わり今に生きているのである。

事前にお願いしておいた、私が今まで見たことがない、ざるそばの器を見せていただいた。朱塗りで大ぶりの楕円形をした別注の器の蓋の内側には、「平田屋」と筆文字で書かれている。麺を載せる台の裏側にも「平田屋」と書かれている。この器は、今は使わずに保管されている。私は今の器より、この趣のある昔の器で食べたいと思った。今度行ったときは店主にその旨を伝えたい。ひと部屋の座敷で食べるそば、静かな一時を過ごせる雰囲気がたまらない。

ゲゲゲの鬼太郎で賑わう境港の中心から外れた閑静な住宅街にデンと座るこの店は、どのような背景があって存在し続けられたのか、疑問に思わざるをえなかった。境港市の図書館に電話し、渡町に関する資料がないのか尋ねた。代わって電話に出ていただいた方が、境港市生涯学習課、市史編さん室、松本修一さんであった。松本さんから「渡町」の事なら、この本が詳しいと、早川時夫『渡・森岡ふるさとのあゆみ』(一九八七・三・三一　渡公民館)を教えていただき、出雲市立図書館へ貸し出しを頼むようにと教えてもらった。出雲とのつながりはどのようであったのかという気もしていたので、渡町のことを少し調べた。

渡村（町）は鳥取県の西、弓ヶ浜半島の北端に近く西は中海に面し、江島とは昭和四九年（一九七四）に中浦水門の完成によって陸続きとなった。渡は交通の要衝として、古来から浜や大根島の人々がこの地を通って往来したため、いつしか「渡」の地名が定着したと伝えられている。江戸時代末頃の干拓、綿作り、渡の港の整備などによって、渡は発展してきた。ことに綿作りが盛んで、綿の実がふく九・一〇月の頃になると畑一面が真っ白になるほどだったと語り継がれた。幕末期において鳥取藩の経済を左右するといわれた代表的産物「浜の目綿」の主産地であった。山林の乏しい弓ヶ浜半島一帯は、日用の薪炭などの多くは島根半島に依存してきた。渡港からは、綿、甘藷、酒などが主に積み出された。寄港先から材木・薪炭その他の注文品を買って帰った。綿が大きな要因で渡の経済は栄えてきた。

江戸時代が終わり明治維新を迎えて産業構造の変化に伴い、養蚕業が注目され出し、渡の養蚕も芽生えて行った。そして養蚕業の発展により、大正二年（一九一三）渡に山陰で初めて本格的な繭市場が開設された。第一次世界大戦後の好景気もあって、集繭地域も東は東伯一円から西は出雲や隠岐一円に広がっていった。繭市場は大正一〇年（一九二一）頃最盛期を迎えた。渡は繭を買いに来る人々で大変にぎわった。人々は市場の門内の尾上屋、木屋の二軒の飲食店で酒肴を買い、市が終わると渡の店で思い思いの品物を買い求め家路についたので渡の商店は大いに活気づいた。

第二次世界大戦が勃発した昭和一六年（一九四一）を境に弓ヶ浜半島の様相は一変した。海軍航空基地が造られ、軽爆撃部隊の配置、兵舎、海軍工場、予科練の学校・練習場が出来、土地が取り上げられ見渡す限りの桑畑は姿を消し、半世紀にわたり隆盛を誇った養蚕は戦時体制の下すっかり影を潜めてしまった。そして戦後を迎える。

『渡・森岡ふるさとのあゆみ』二六四頁に、「渡の名物」という俚謡の一つが紹介されており、その中に「平田屋」の名称があるので、引用する。

円六、半六、売りに出す
玉川センベイ　アンパンは
人も知ったる　手打そば
平田屋　但馬屋　森脇屋

店名にある「平田屋」から想像をたくましくすると、出雲市の「平田」と縁があるのではないだろうかという気がする。同書二六六頁から二八九頁までに方言が掲載されている。私が読んでみると、ほとんど出雲弁と同じで、中には少し分からない言葉がある程度である。この方言の項目の著者は、「渡弁の特徴として、出雲弁の影響を見逃すことは出来ない。渡村の草分けといわれる、松本・渡辺（渡部）・門脇の三氏は、尼子氏の滅亡後に大根島その他出雲地方から移住して来たと伝えられ、また、松江屋・安来屋・平田屋・江島屋と、出雲地方に関係した屋号を持つ家があるように、古くから出雲地方と交流があった」と書いている。方言学界では、中国地方五県の方言を「中国方言区」と「雲伯方言区」との二つに区画するように、出雲と伯耆は親しい間柄であり、現在の行政区分を乗り越えた人々の交流が存在していたことを再認識する。

今回久し振りに渡町を訪れて妙に心に残るものがあり、調べてみたところ出雲とのつながりが感じられ、親しみを覚えることになった。また、十年くらい前に初めて店を尋ねて行った時のことを思い出した。店を探して道に迷い車を走らせていると、狭い道でばったりお宮の神輿行列とぶつかり、どうしたものかとうろたえたことを。


三瓶《さんべ》・千蓼庵《せんりょうあん》（島根県大田市三瓶町小屋原五七三）

出雲の西の隣国・石見へは出雲そばは伝わったのかどうか、その影響について、私はワン・ライン『おいしい出雲そばの本』八三頁で少し触れたことがある。出雲独特のそば「釜揚げそば」が三瓶に伝わっていることを述べた。この点は、境港の平田屋そば店と同じである。健康食「釜揚げそば」は伯耆の国のみならず、石見の国にも伝わりその価値が認められていたのである。まさに蕎麦つながりである。割子そばについては、メニューに載せている店もあるようだが、そば屋としての営業面を考えてのことに思われる。

あらためて考えてみて、三瓶は出雲そばの影響を根本的に受けたものではないように今は感ずる。三瓶、石見地方は、根底に出雲の影響を受けない独自の食文化を持っている気がする。「そばの名前は色々」の項で挙げた「なべそば【鍋蕎麦】」がその一例である。さらに三瓶は今、三瓶の独自性を主張しようとしているようだ。

出雲の国と石見の国の国境に位置する、『出雲国風土記』の国引き神話に登場する佐比売山（三瓶山）の北西麓の地・小屋原に、二〇〇八年七月に千蓼庵はオープンした。店主は岩谷克司氏。テーブル五つ、客席数十八席の小さな店だが、店主の細やかな心配りが行き届いた風雅な雰囲気である。元は小売酒屋であった建物を改装してそば屋にした。小屋原と聞けば、神秘の湯として全国にその名が知られている小屋原温泉（熊谷旅館）がある。小屋原温泉に行くには、小さな道を左折するので、折れないで真直ぐ進むと右手に小さな店が見える。文字にすると簡単だが、実際に行くにはよく道を調べてからにした方がよい。私も初めて行った折には、迷いながら人様に尋ねてようやくたどり着いたものである。三瓶山を仰ぎ見ながら麓を周遊し、一時の安らぎを求め昼食をとる場所として千蓼庵をお勧めする。オープンして八年が経過した今日（二〇一六）、遠来の客が増え、地元客よりずっとずっと多いという。店主の努力の結果がお客さんを呼んできたと思う。**写真⑮⑯**

一九九二年に大田市農林課に籍を置いていた岩谷氏は、農林振興係長として蕎麦に関わり始め、利賀村での全国そば博覧会視察、高橋邦弘名人や兵庫の「ろあん」・京都の「かね井」などのそば店との交流の中でそば打ち技術を習得し、やがて山下廣文氏との出会いがあり、自ずとその道に入り込んでいくことになった。二〇〇〇年に三瓶在来種の栽培を始め、二〇〇三年にシャクチリソバの試験栽培を始めた。シャクチリソバに取り組もうとした頃、とある場所で隣人の話し声が聞こえ、石見銀山の地・大森の町の道端にシャクチリソバが自生していることを知り、岩谷氏は驚いたという。

シャクチリソバは、宿根ソバの別名で、名前の如く多年性で、地下に黄赤色の堅く肥大した根茎があり、冬は地上部は枯れるけれども、地下の根茎から年々新しい茎を叢生して四方に広がっていく。若い葉が食べられるので、「野菜ソバ」の俗称がある。「シャクチリソバ」は牧野富太郎氏の命名で、本草綱目の「赤地利」に由来し、漢方薬としても知られている。

岩谷氏は十五年間にわたり蕎麦と関わってきたことにより、自然に道筋が出来た「そば道」をさらに歩一歩進めるべく、家族の皆様の協力の下、二〇〇七年三月末をもって大田市役所を退職した。そして店をオープンする前に、米子市の「てんぞ山本」店主・山本武光氏から和食の基本的な心得、技術指導を受けた。

以来、粗挽き十割そば（自家製粉）、地元の食材を使った料理の提供に努めている。看板メニューは「千蓼御膳」で、料理の内容は、粗挽き十割そば・天ぷらそば・胡麻豆腐・山女の山椒炊きなどである。一方、「さんべ在来そばの会」の組織化、「三瓶そば推進会議」設立、研修生の育成に尽力し、三瓶そばを全国に情報発信するためPR活動を続けている。

岩谷氏を支えている根底の力は、幼少期の頃から静かな自然の中で遊んで、慣れ親しんで来た山里の季節ごとの花々、木々の美しさである。

店の営業について

祝日を除く月・火曜日を休店。振替休日あり

営業時間　一一時～一四時三〇分

予約　受け付けている

冬期の一・二月は閉店

三瓶そばについて

三瓶そばについては、ワン・ライン『おいしい出雲そばの本』「三瓶そば」の項（八三〜八五頁）と「資料編」（一三一・一三三頁）に書いた。今回新たに取材を試みたが、新たな発掘はできなかった。

三瓶は、標高・土質・気候の面においてソバ栽培に適している。まさに「霧下ソバ」の適地である。京都の河道屋が発行した『蕎麦志』に、日本の著名な十七のソバ産地の一つとして、「石見国　産出多シ而して安濃郡三瓶山ノ産ヲ佳トス」と紹介されている。『おいしい出雲そばの本』に掲載した松尾家文書にある通り、三瓶山麓の「池田」「志学」「小屋原」はソバ栽培の適地である。三瓶山麓におけるソバの収穫高を『おいしい出雲そばの本』から再録しておく。

① 文政一三年（一八三〇）『小屋原村明細書上帳』には、「一、産物は蕎麦、たばこ作り他所へ売払」と記されている。

② 慶応二年（一八六六）安濃郡池田村の『家数並びに喰料凡積書上帳』には、「蕎麦百石」とある。

③ 明治一〇年（一八七七）に三瓶山麓五か村が島根県に提出した産物報告書には、

池田村はソバ四石を大田村へ、

志学村はソバ三十三石八斗を大田村へ、

小屋原村はソバ四石を大田村へ、移出したことが記されている。

三瓶山麓で栽培したソバは商品作物として、販売されていることが分かり、主に大田へ出荷している。明治一〇年には、志学が多く産出し、池田や小屋原の数倍の量である。

島根県内のソバ産地として、出雲では奥出雲、石見では三瓶が、かつて太田直行氏が言っていたように一頭地を抜く。三瓶山麓で営業しているそば屋、「千蓼庵」「木の香」「はないかだ」の三店はそれぞれ個性があり、良いそばを提供している。いずれの店もそばの種類はざるそば系統である。また、店では三瓶山麓の清らかな湧水を使って栽培した三瓶山葵を薬味に使っている。この三店は切磋琢磨とチームワークによって、三瓶在来種の栽培を増やし、今後更なる品質向上に努力するであろう。

そば食文化の面で三瓶そばは、出雲の「釜揚げそば」を除き、出雲そばの影響を受けることなく独自のものを根底に秘めている気がする。ではあるが、三瓶は出雲とは全く無縁であると言われると寂しい。出雲神話に登場する、出雲の地を創造するための杭であった佐比売山（三瓶山）は、その引き綱であった「薗の長浜」の地から美しい姿を見せてくれる。三瓶山は出雲人にとっても親しい存在である。

大久保長安と蕎麦

石見銀山の初代奉行になった大久保長安（一五四五―一六一三）が信州更科からそば職人を連れて着任しそばを広めたという話があるようである。大久保長安の活躍年代は、慶長六年（一六〇二）から十年間のことであり、事実とすれば、慈性日記のそば切りよりも古い出来事ことになる。大久保長安は、慶長九年（一六〇四）中山道に一里塚を築く幕命を受けている。

この大久保長安と蕎麦にまつわる伝聞の説の真偽を確かめるために、石見銀山資料館館長の仲野義文氏に尋ねてみた。結論は、「まず、そのようなことはないだろう」とのことであった。第一点は記録がないこと、第二点は、大久保長安が石見に出向いた回数はわずか六回で、しかも滞在日数が短かったことを挙げられた。石見下向は、慶長五・七・八・九・一〇・一二年の六回、滞在日数は長くて二十日足らずであり、そば職人を連れてくる理由がないので、事実とは思われないとのことであった。

【付記】出雲そばの近隣への伝播を探ると、境港と三瓶には釜揚げそばが伝わっていたことが分かった。

三瓶以外、石見においてそば食文化が根付いてきた土地があるだろうか。大田市以西、津和野町・吉賀町まで平野部・山間部を問わず眺めてみて、ここだと言えるところがあるだろうか。郷土食としての伝統が匹見町道川にはありそうだが、現在はどうであろうか。石見ではそばがきを食べる習慣はあったが、特にそば切りが発達した地域が見られないのは、石見の風土、石見人気質に合わなかったためであろうか。

私がそばの食べ歩きをした中で、もう一度食べたいと思わせるそば屋は、益田市の「竹の家」と吉賀町の「一心房」の二軒である。「竹の家」は出雲市大社町の出身である。「竹の家」三代目若主人のそば打ちは出雲流から江戸流へとなびいていると聞く。昼は食堂、夜は割烹といった店の雰囲気からは想像しにくい、「あっ」と驚きの声をあげたくなるようなそばが出てくる。「一心房」は蓼野という里山に位置し、四季折々に地元の食材が使われたそば料理を楽しむことが出来る。

隠岐諸島はどうかというと、出雲そばの影響は皆無であると言える。ワン・ライン『おいしい出雲そばの本』八六・八七頁で「隠岐そば」を紹介した。最近発行された柴田書店MOOK『そばうどん』(二〇一六・七・一五)五一〜五三頁を読まれるとわかるように、隠岐は隠岐固有の食文化を育んできている。もちろん割子そばなど存在しない。四方を海に囲まれた隠岐諸島は「海のそば」と呼ぶべき個性的なそばである。

かつて隠岐へ取材に訪れた際の印象を思い出す。隠岐の皆さんは、出雲に負けず劣らず日頃そばに親しんでいると感じたことである。夜、居酒屋でそば談義をしている際、隣の方が「隠岐そばはそば粉百パーセントだから切れやすいのだ。切れにくいそばはニセモノだ」と怒ったように言われた。幕末、明治維新の頃に「隠岐共和国」を夢見た隠岐人の気概を感じたものである。

第八章　割子の器の考察

割子の器について考察を加えてみる。現在保存されており、製作年代が推測出来て、寸法を計ることが出来る器をもとにして検討する。私が直接手にすることを許していただいた、仁多郡奥出雲町上阿井・可部屋集成館（館長・桜井三郎右衛門氏）の収蔵品と出雲市・献上そば羽根屋の器物とを対象にする。器の製作年代、大きさ・形、色、器に入る麺の量、使い勝手などについて調査し、検討を加える。そして、現在一般に使われている器についても考えてみる。

割子の器は、江戸時代から明治の末年までの形は長方形、木の材質は杉か檜、塗りは春慶塗であった、と言えよう。明治末年以降、長方形から丸形の挽物に変わり（新島繁氏は『蕎麦の辞典』で、銀杏製の丸型に変わったとしている）、塗りを加えたものになった。荒木英之氏は、初めは黒漆や茶漆の薄い塗りであったが、慶弔の席でも通用するよう朱色に変わった、と言っている。太田直行氏は、塗りについて、内は朱色、外は栗色と書いている。時間の経過とともに、あるいは地域ごとに、形や色に工夫が凝らされたようである。

【表 11】可部屋集成館（桜井家）の破籠

1.	天保六年のもの（朱塗） 木製・長方形 長さ 19cm　巾 10cm　高さ 6cm（外径の寸法） 中仕切りの位置　14.5cmと 4.5cmの間 （14.5cmの方にそばが入る。4.5cmの方に薬味が入る） 破籠は、5 段重ねの 2 列、10 個、箱に入るよう作られている。**写真⑰**
2.	天保一二年のもの（朱塗） 木製・長方形 長さ 18.7cm　巾 9.3cm　高さ 6.5cm（外径の寸法） 中仕切りの位置　13.7cmと 5cmの間 （13.7cmの方にそばが入る。5cmの方に薬味が入る） 破籠は、5 段重ねの 5 列、25 個、箱に入るよう作られている。上の方に中棚も作られていて、他のものも入る。**写真⑱**
3.	年代不明のもの（朱塗） 木製・長方形 長さ 16.5cm　巾 10.5cm　高さ 4cm（外径の寸法） 中仕切りはなし（そばだけを入れて、薬味は別の容器に入れる） 底板の厚みが約 0.8cm 破籠は、10 段重ねの 3 列、30 個、箱に入るよう作られている。箱書き「春慶　蕎麦破籠三拾」の通りである。**写真⑲**

可部屋集成館（桜井家）の破籠

【表11】

桜井家の三種の器の模型（厚さ一cmの板で作る）を作って比較してみると、天保六年のものは、幅が天保一二年のものよりやや広く、高さは天保一二年の方が高い。高さが高いせいか、天保一二年の方がやや大ぶりに見えるが、計数上の容積は天保六年のものがやや大きい。

天保六年、天保一二年は、松江藩松平家第九代藩主松平斉貴公の治世下の年代であり、新屋太助が生きていた時代でもある。桜井家では破籠の道具を新調し、おそらく野外食としてのそばを食べるのに使ったと想像する。天保年間に二度にわたって道具が作られたということの持つ意味については今後検討していかねばならないと思う。かたや、斉貴公の時代に生きてそばを好んだ新屋太助は、食べたそばを数えるのに、何「膳」という標記の仕方をしている。「破子」「破籠」「割子」という文字や、何「枚」あるいは何「段」という文字を使っていない。この点については、本書の「おわりに　推論と結語」において論じてみたい。

年代不明のものは、天保年代の二つのものと比較すると、見るからに小ぶりで、容積も小さくなっている。中仕切りがないから、薬味は別の器に入れることになる。天保六年・一二年とは器の製作方法が違ってきている。このことは、そば（麺）と薬味とは器を変えて別々に盛ったことを意味している。

「わりご」という様式は、御飯とおかずを一つの器に分けて入れることから始まっている（中に仕切りが拵えてあるかないかは問わない）。山口県鹿野町の破子弁当、香川県小豆島の割子弁当、いずれもご飯とおかずを一緒に入れている。「わりご」のスタイルをそばに応用したのが割子そばである。野外食用の割子そばの場合、一つの器の中に仕切りを設け、麺と薬味を分けて入れるようにしている。

次にそば屋の器を調べてみる。

献上そば羽根屋の割子【表12】

太田直行氏は、著書『出雲新風土記　味覚の巻』（一九三八・三・一〇）「二十八　蕎麦」一〇三・一〇四頁において、割子そばの容器について次のように書いている。

【表 12】献上そば羽根屋の割子

1. 明治初期のもの（黒塗）
木製・長方形
長さ 13.3cm　巾 10.4cm　高さ 3cm（外径の寸法）
（薬味は別の容器に入れるので、中仕切りはない）**写真㉑**

2. 明治中期のもの（朱塗）
木製・長方形
長さ 13cm　巾 10.2cm　高さ 2.8cm（外径の寸法）
（同じく、中仕切りはない。四隅を小さく面取りしており八面体に仕上がっている）**写真㉒**

3. 木製八雲塗丸型（朱塗）
木製・丸型
円の直径 12cm　高さ 3cm（外径の寸法）
【付記】「八雲塗」とは、明治 19 年（1886）、松江藩お抱えの駕籠塗職人の家に生まれた坂田平一らによって考案された塗物で、命名者は当時の島根県知事・籠手田安定氏（1840−1899）であった。**写真㉓**

4. 現在使用中のもの（赤色）
合成樹脂材・丸型
円の直径 12cm　高さ 3.5cm（外径の寸法）**写真㉔**

昔は春慶塗の杉又は檜製の角形を用いたので、当時は「拍子木喰い」と称えて割子二個を両手に持ち、僅かに手前へ傾けながら縁をかち合わせると蕎麦が手許へ寄ってくるので、其の儘箸を使わずに割子一つ宛を一口に食う一種の曲食いが行われたものだ。然るに角形の容器はいつしか小判形の洗い朱の曲物と変わり、更に今から約三十年前に主として衛生的見地から警察署長の発議で現在の丸形の挽物が用いられるようになった。この丸形容器は径四寸高さ一寸で内朱外栗に塗り分けてあるが、これを二十五乃至三十位積み重ねると大抵自分の坐った高さになるので、健啖家が割子の高さを競争するのも一興である。

ここで太田氏が「約三十年前」と言っているのは、明治四一年頃に当たる。この頃に警察署長の提案で、まん丸い容器が登場したのである。容器の材質は、当時は木製・漆塗りであったが、現在の物は違ってきている。

なお、戸塚文子氏は、昭和三二年（一九五七）五月一五日初版発行『旅と味』九九頁に、割子（戸塚氏は「破り子」としている）の大きさに触れて、「さし渡し五寸ほど、深さは一寸たらずの小さな破り子である。」と書いている。

桜井家のものは、江戸時代の製作であるので、長方形である。羽根屋のものは、明治の製作の方は長方形であり、丸型の方は明治四一年頃以降の製作ということになる。羽根屋の木製八雲塗丸型は、曲尺で計ると太田氏が書いている寸法（尺貫法）と同じの径四寸・高さ一寸になっている。

羽根屋で現在使用中の器の材質は合成樹脂材である。木製から合成樹脂材に変わったのは、第二次世界大戦後、敗戦の傷が癒え、社会経済が復興していく頃だったと考えられる。時勢の変化に伴い物が変わるのと利便性の追求の結果と推測する。

割子の容積

次に容積について、計測して記す。桜井家の物は現物を借用するわけにはいかないので、私が造った模型（板の厚さは一㎝）の容器を計った数値を記す。実物との違いはわずかあるが、大方の数字をつかむ目的であるので、お許しを願いたい。

桜井家の破籠の容積【表13】

【表13】桜井家の破籠の容積

1.	天保六年のもの（内径）　中仕切りで仕切られた薬味を入れる部分を除く、麺を入れる部分のみの容積。 $12.8 \times 7.9 \times 5\text{cm} = 505\ \text{cm}^3$
2.	天保一二年のもの（内径）　中仕切りで仕切られた薬味を入れる部分を除く、麺を入れる部分のみの容積。 $12.2 \times 7.3 \times 5.5\text{cm} = 490\ \text{cm}^3$
3.	年代の記載がないもの（内径）　中仕切りはないので、すべてそばが入る。 $14.5 \times 8.5 \times 3\text{cm} = 370\ \text{cm}^3$

【表14】羽根屋の割子の容積

1.	明治初期のもの（内径）　中仕切りはない $12 \times 9 \times 2.5\text{cm} = 270\ \text{cm}^3$
2.	明治中期のもの（内径）　中仕切りはない $12.3 \times 9.4 \times 2.1\text{cm} = 242\ \text{cm}^3$

この三つを比較すると、容器の計測値は、天保六年のものが一二年のものよりやや大きい数値となっている。年代未記載のものは、天保年間の二つと比較すると、数値の違いがはっきりとしていて、小さいことが分かる。

羽根屋の割子の容積（模型ではなく、現物の実寸）【表14】

比較すると、明治初期のものが中期のものよりやや数値が大きい。

木製八雲塗丸型のものと現在使用中の器は、内径を計測するのが私には困難であるので数値を出していない。

割子に麺を盛ってみる

割子の器の形状の話はおしまいにして、茹でた麺を器に盛って試食してみた結果を話さねばならない。

太田氏が書いている「拍子木喰い」を実験して

みたところ、正直な感想は、食べにくいということである。羽根屋の明治初期の器を二つ持って、拍子木を打つように軽くカチカチとかち合わせて、麺を内側に寄せるまではよいが、一口に麺を口ですすり込むのは難しい。どれほどか稽古でもしない限り、うまくいかない。先人たちがお座敷芸として遊んだようだが、今日伝承されていないことを見ると、あまり感心出来る技ではないと思う。岩手のわんこそばのように、ほんのわずかな麺を椀で飲み込むのとはわけが違う。器の角（高さ三センチ）から飲み込むことはやはりやりにくい。麺を箸で少しずつ掬いながら食べる、まともな食べ方の方が望ましい。蕎麦好きの趣味人の集いで（荒木氏が言う所の「連」で）行われた、お遊びの芸があったという歴史的事実として認識しておきたい。

さて、茹でた麺をそれぞれの器に盛って、試食してみよう。羽根屋では現在、一人前のそばの量は、生麺百五十グラムであり（松江のそば屋「ふなつ」でも一人前、生麺百五十グラムと聞いている）、それを茹でると約二百四十グラムになっている。割子三枚（三段）に盛り分けるので、一枚に八十グラムの茹麺が入ることになる。

【表 15】器の麺の量

桜井家の場合	
天保六年の器	206 g
天保十二年の器	229 g
年代不明の器	131 g
羽根屋の場合	
明治初期の器	81 g
明治中期の器	87 g
八雲塗丸型	70 g
現在の器	80 g

順次、一枚の器に盛ってみると、【表15】の数値になった。

日々業務に従事している店員さんの手で盛り付けた結果である。桜井家の天保六年のものと、天保一二年のものとは、計算上の容積と実際に入った麺の量とは数値が逆になっている。おそらく、天保一二年の器は、高さが高いので、盛り付ける時の感覚でそのようになると思われる。人間の感覚で実務は行われるので、それが自然かもしれない。

年代不明の器は、計数の通りで、天保のものと比べると明らかに少ない。約六割程度の量である。江戸時代の出雲を代表する名家の什物と明治の蕎麦屋の器物を比較することに多少の無理を感じないでもないが、器に盛る麺の量は時代が下がるにつれて、少なくなっていったと考えたい。年代不明の器が天保のものより後のものであると考える理由の一つがここにある。

器の小型化ひいては盛り付けられる麺が少なくなる理由を何に求めればよいであろうか。ソバの栽培面積・収穫高の増減、そば粉取引額の変動、人々の嗜好の変化、そば屋経営の戦略化などがその理由であろうか。はっきりとは分からないが、何かしらの力が働いて、状況変化が見られる。この点については今後明らかにしていく必要がある。

羽根屋の八雲塗丸型は、現在のものと比較すると、高さが低いのと、挽物であるがゆえに縁の構造が違って、内側の縦の面は底の方で角が丸くなっており、現在のもののように垂直に下りていないので、入る量が少ない。割子の器は三段に重ねるため、器の上面よりほんのわずか麺を低く盛らねばならない。山盛りには盛らない。

食べてみると、桜井家の天保一二年の器では、現在の割子一人前に近い量で、気持ちの上では一人前食べたかなという気がする。器の縁の高さは、低い方が麺を箸で掬って食べる際に食べやすく、羽根屋の明治中期のものは箸を邪魔しない感じであった。

戸塚文子氏は、割子の分量について、次のように書いて考えを述べている。

そば好きなら二箸か三箸すすれば、一丁あがりとなる。そのかわり十個でも二十個でも、高々と積み重ねられる。大食漢ならば鼻先に、塔の如く層を重ねて、壮観を呈することだろう。うつわを小ぶりにしてあるのは、一個分の容量を少なくし、幾つも取り替え引っ替えして、数を重ねるのを、楽しもうという魂胆とみえる

丸形の割子の形を考える

明治四一年頃に、長方形を改めて、丸形にしたのは正解であったと思う。衛生面でも、洗って拭くのにもよい。発案された警察署長の御蔭である。

割子を数える時、一般に「枚」と呼ぶ。「枚」は皿を数える場合の数詞である。長方形の形が丸形になってから、皿の形状に近くなってから、割子を「枚」と呼ぶようになったのではなかろうか。私の推測で、今のところ根拠はないが、何とはなくそう思えてくる。ならば、長方形の時はどう数えていたのか、この点はこれから調査していかねばならない（そば屋さんのメニュー表示では、割子は重ねられた状態で出てくるので、「二段」とか「三段」とかにしてある場合がある）。器は重ねるように造られているので（器の底の下部に僅かな突出し部分があり、何段重ねても器がずれることはない）、狭いスペースに収納できる点がよい。

器を洗浄する際に、角がないので汚れが落ちやすい。清潔を保つことが出来る。

器の色も朱色であり、食器の色としてはふさわしいと感じる。

結論としては、現在の割子の器は合理的で使い勝手がよく、改める必要はない。良いことは、

黙っていても広がると思う。それは、そば切りが日本国内に伝わっていったことを見ればわかる。同様に、出雲の割子そばの様式も、かつて私が調べた所、日本国内に広がっている（ワン・ライン『おいしい出雲そばの本』一〇六頁「割子メニューのある店」を見ていただきたい）。なお、献上そば羽根屋の割子の器について書いたように、現在合成樹脂材でつくられた器を出雲のそば屋のほとんどが使っている。中には僅かであろうが、木製の塗物で丸形や小判形を使っている店があると聞いている。

余計な話であるが、桜井家の天保一二年の什物は、破籠が五段五列の二十五個入るように造られているので、麺だけの重さが約六キログラムになる。麺以外に、薬味・器・箱・破籠以外の器の重さが加わるので、さらに重くなる。これを調理場から運ぶことになる。箱の外径は計測していないので、破籠の器を五段五列に重ね並べる計算でいくと、高さ三二・五センチ・横巾四六・五センチ・奥行一八・七センチの嵩になる。箱に入った一式の重さと嵩は、現代人にしてみれば、かなりのものに思われる。

【付記】出雲市大社町の藤間亨氏宅には、明治九年の箱書きのある割子道具が伝わっている（ワン・ライン『おいしい出雲そばの本』四四頁　モノクロ写真）。箱入りで、持ち運びができるようになっている。小判形容器が二列に納められるように作られている。私は直接実物を見ていないので、何段に重ねられるようにできているか、写真からは判断できない（もしかして、五段重ねかもしれない。五段重ねであれば十個入ることになる）。明治九年に、長方形とは形状の異なる、曲物の、小判形の割子が作られていたことが分かる。藤間家の麺を盛りつけた写真から判断して、割子は中仕切りを入れない作りである。

小判形の器の出現は長方形の後と考えられる。桜井家の器を例にとれば、年次未記載のものより後になるであろう。

藤間家に伝わる割子そばの道具は明治に入ってからの中仕切りがない小判形であり、それ以前の道具として伝わるものが、割子そばとは異質の不昧公好み蕎麦懐石膳である。この間の断絶をどう考えてよいのか。解く鍵の一つが桜井家の三種類の破籠ではなかろうか。

第九章　「出雲」を考える

出雲そば（割子そば）は、なぜ守られ続けてきたのか。なぜ、出雲人は守り続けてきたのか。守り続けてきた出雲人は、どのような気質であり、どのような風土の中で生きて来たのか。このことに触れなければならない。出雲そばとは一体何か、この根本的な問いに答えるには避けて通れないのである。

出雲、石見、隠岐の三つの地域から出来ているのが島根県である。島根県は、北は日本海、東は鳥取県、西は山口県、南は広島県に接した県である。島根県と広島県の県境に東西に長く、標高一千メートル級の中国山地の脊梁部が横たわっている。脊梁部の北側には標高四百メートル程度の高原地形が広がっている。そして、北の日本海には離島の隠岐島を抱えている。

出雲はというと、北は日本海、東は鳥取県米子市、西は大田市、南は中国山地・広島県に囲まれた地域である。

出雲に深い影響を与え続けてきたのが島根半島である。いにしえには離島であったが、陸続きになって、今はその中に宍道湖と中海を抱える半島である。『出雲国風土記』に書かれた「国引き神話」はあまりにも有名である。島根半島の重要性を感じたから、古代人も「国引き神話」に登場させたと思う。宍道湖と島根半島は出雲人の精神生活に陰に陽に大きな影響を与えてきたと考える。宍道湖の夕景色は、影絵になっている島根半島があるからこそ、際立つ美しさを呈しているのである。この点を見逃してはならないと思う。

島根半島の地形

「国引き神話」の舞台である島根半島は、地形的には西から弥山山地、ついで本宮山山地、そして三坂山山地という大きな三列の山塊から構成されている。島根半島は、西から東へ五三峰の山が並んでおり、一番高い山が弥山山地の鼻高山（標高五三六メートル）と三坂山山地の三坂山（標高五三六メートル）で、一番低い山が三坂山地の腕山（標高一一二メートル）・釣鉾山（標高一一五メートル）で、峰々は凹凸を繰り返しながら、なだらかな折れ線を長く引き、西から東へと約六十六キロメートルの距離を展開している。『出雲国風土記』の編纂者は、「折絶」という言葉を使っていて、弥山山地が絶える所、本宮山山地との境が「去豆の折絶」、本宮山山地と三坂山山地との境が「多久の折絶」、三坂山山地の中、「国引き神話」で言う「闇見の国」と「三穂の崎」との境を「宇波の折絶」と呼んでいる。編纂者が使っている「折絶」という言葉に私は親しみを覚える。稜線の折りが絶える所、そこが「折絶」である。島根半島の穏やかな稜線は出雲人に安らぎを与えていると思う。島根半島は、日本海の前に盾となって立ち、出雲部の気象に色々な影響を与えている。

出雲部の気象

島根県の気象は、北陸型と北九州型の中間に位置する日本海型の気象である。日本海からの気流がもたらす影響で、寒候期（一〇月〜三月）は、出雲部は石見部に比して厳しい気象条件にあると言える。冬、出雲平野に吹く季節風は強く、また、内陸部の奥出雲町や飯南町は積雪量が多いと言える。他方、日本海からの気流が島根半島にぶつかり、島根半島の上には、時々の、種々の雲が湧きあがり、えも言われぬ景色を出現させてくれる。日々見ていても飽きることなく、変化にとんだ様は出雲人の心を和ませてくれる。島根半島上空にかかる雲の美しさは、形と色の豊かさ、一言では言い表すことが出来ない。出雲に滞在して体感していただくほかはない、と言わざるをえないであろう。

島根半島は、地形上の、気象面の恩恵だけでなく、自分では気づかなくても、出雲人の精神的支柱・バックボーンになっている。仮に、北方を見て、出雲の街の絵を描くとしよう。そして、眼前から島根半島を消し去って描くとすれば、見えるのは家並とビルとマンションだけの味気ない様になる。島根半島がない姿を想像してみて、初めてその存在の重要性を認識するであろう。

出雲の風土・出雲人の気質について鋭い観察力と洞察力で切りこんだ人物は、明治時代に日本にやってきて、後に帰化して日本人となったラフカディオ・ハーンである。

ラフカディオ・ハーンの見た出雲の風光美

ラフカディオ・ハーン（小泉八雲）（一八五〇–一九〇四）は、明治二三年（一八九〇）来日して、八月末に松江に到着し、九月に島根県尋常中学校及び尋常師範学校の教師としての生活を始め、翌年の一〇月までの間勤めた後、一一月に松江を去った。その間、ハーンは出雲各地を探訪し、出雲の風光美の中に潜む精神性を鋭敏に把握し、西洋的価値観に縛られることなく、異文化を理解した。その一例を、『明治日本の面影』（二〇一四・七・一〇　第二二刷発行　平川祐弘編講談社）「伯耆から隠岐へ」一五二・一五三頁から引用してみる。

（前略）
しかしこうした東洋の風景は、すばらしい大気によって生み出された常ならない色彩の魅力、精妙で、妖精のような言うに言えない幻の色をもっている。水蒸気が遠景に魔法をかけて、山々の嶺を百の色調の青と灰色の魔力に浸し、むき出しの崖を紫水晶に変え、黄玉の朝に幻の薄衣を広げ、水平線を消し去って昼の輝きを広げ、夕べを満たす黄金の靄で水を茜色に染め、日没を幻影のような紫と緑の螺鈿で巻く。（後略）

ハーンが表現するところの日本の風光美は、この文章のとおりで、島根半島と宍道湖にそっくりそのまま当てはまっているものである。中で、「水蒸気」のことに触れているが、私は水蒸気の存在を看破していることを見逃してはならないと考える。夭折の石見出身の作家・田畑修一郎氏は、出雲の風光美を「水と空と雲」に代表されると言っている。中海、宍道湖という水辺によるのびやかさと和らぎ、この水と空と雲との作り出す「ある微妙なたゆたい」が、あらゆる出雲的な性格に反映しているように思われる、とも言っている。ハーンが「水蒸気」と言っている所のものと共通しているように私は思う。

次に、ハーンが見た出雲人の気質に関する記述を見ることにする。

ハーンの見た出雲人

ハーンは加賀の潜戸を訪れた際の加賀浦の村人の印象を述べている。

まず、加賀浦には泥棒などはいないだろうと言っている。

そして、ハーンを見ようと押し寄せた多くの村人に囲まれたハーンは、穏やかな笑い声、不正な顔つきの見られない村人の微笑みを、心からいとおしむ気持ちになった。男の子たちの顔には地蔵様の微笑みがあふれていた。村人の微笑みを愛惜してやまないハーンは、「加賀浦ほど美しい若い男女の暮らす村は、日本では見かけたことがない」と評している。

美保関を訪れた紀行文「美保関にて」の中では、「私は出雲に来てから、一年と二カ月が過ぎたけれども、怒りの声を震わせて激昂する者の声を聞いたこともなければ、喧嘩をする輩も目撃したことがない。男が人を殴ったり、女がいじめられたり、子どもが叩かれたりするのを、私は見たことがない。日本に来てから、開港地以外の場所で、私は本当の暴力沙汰というものを目撃したことがないのである」と述べている（池田雅之訳『新編日本の面影Ⅱ』〈二〇一五・六・二五（株）KADOKAWA　七一頁〉）。

ハーンは、一度行って見たいと思っていた隠岐島へ、元同僚だった教師と一緒に行った感想を述べている。

ハーンは、自分が思った通りの土地柄であることを自分の目で確かめた。自然の懐近くにいるという心の状態から生み出されてくる大いなる喜びを日本のどこより味わい、人間の存在にとって、あらゆる人工の及ぶ領域を超えて、本当の自分を知る喜びに浸ることが出来たという。そして、日本人の性格に潜んでいる驚くべき魅力とは、庶民の無垢な善良さ、生まれながらの礼儀正しさであると言っている。

次に、学校で教壇に立った教師・ハーンが見た生徒の顔の印象を箇条書きにしてみる。

1. 顔立ちには鋭さとか力強さとかいったものはない。
2. 顔の輪郭が穏やかで「半ばスケッチされた」だけのように見える。
3. いかにも攻撃的な面構えもなければはにかんだ顔でもない。
4. 異常な自己主張もなければ同情ある思いやりもない。
5. 求知心の塊と言った顔もなければ徹底した無関心もない。
6. 子どもらしいさわやかさとなんとも言えぬ率直さとを持っている。
7. 全員に等しく共通している特徴は、仏像の夢見るような穏やかさ——あの愛も憎しみも何も示さず、わずかに心の静謐のみを示すあの特別な穏やかさである。

没個性的な魅力と没個性的な弱点をハーンは感じ取っている。ところが、しばらく経つと、この感情を表に現さぬ落ち着いた面というものが見えなくなってしまう、互いに知り合うにつれ、生徒一人一人の顔が以前には気が付かなかった特徴によって次第に個性化されていくからである、とも言っている。
以上から、包括的に出雲人（あるいは日本人）の気質を表現すると、次のようになる。

1. 礼儀正しい。
2. 善良で雅やかである。
3. 穏やかである。
4. 親切である。
5. 細やかな心配りが出来る。
6. 心やさしい。
7. 利己的でない。
8. 子どもの躾にも生かされる微笑みが象徴する感情は、日本の礼儀作法全般にあまねく行き渡っている。

しかし、ハーンは、明治政府の教育制度が、反面、マイナスの点を生んだことをも指摘している。

新世代の青年の間から、旧幕藩体制下で育った美徳が消え失せ、旧幕時代を小馬鹿にし、自分自身は西洋の卑俗な模倣をするのがせいぜいで、浅薄な月並みな懐疑論しか口に出して言えぬくせに、古風な生き方を笑いものにしている。先祖から受け継いだはずの高貴な愛すべき美徳の数々はどうなったのか、こうした資質の最良なるものも単なる知的努力に変形して消費されてしまったのでないのか、異常に過熱した学習努力の結果、判断のバランスも失われ、人間の重みも消え、人間の性格そのものも使い尽くされてしまったのではないか、と言っている。

ハーンが描写した、今から約百三十年前の出雲人の気質が、現在の出雲人にそっくりそのまま当てはまるとは思わないが、底流にはその血が流れていると私は感じている。明治以降、近代化政策の影響を受けて、私たちは西洋的思考方法を身につけてきているが、それだけではない古来からの精神的潮流の中にも生きていると思う。

出雲弁

出雲の特徴を表すところの言葉、ズーズー弁と言われる方言「出雲弁」について触れておかねばならない。箱庭的世界・出雲に特徴ある言葉が生まれ伝わっている。方言学界では、中国地方五県の方言を「中国方言区」と「雲伯方言区」の二つに区画している。出雲と伯耆とは一つのグループにされてはいるが、出雲は殊に特異な方言区としてぽつんと存在している感がある。

出雲弁については、出雲弁の代表的伝承者であり、その保存活動に尽力されている藤岡大拙氏の論述を参考にするのが最適と考えるので、著書『出雲人』「三、出雲風土論　二　出雲弁」から引用、要約させてもらう。藤岡氏は出雲弁の特徴を三つあげている。

①　語彙が豊富である。上代語、中世語、近世語、それに古代朝鮮語らしきものまで入り混じり、さらに訛音化されたものもあるので複雑である。出雲は中央から遠く離れた土地であり、し

かも閉鎖的な箱庭的世界であるから、いったん流入すればどんどん澱のように溜まって、各時代の言語が混然として使われているのである。だから、出雲弁は日本語のルツボであり宝庫である。

② 出雲弁の特徴は、ズウズウ弁である。東北や北陸地方の方言とよく似ていると言われ、揶揄された言い方を受ける向きもある。旧語残存論とでも言うべき学説があり、古代における語音は出雲弁のような発音であったが、中央において軽快な語音が発達し、これが旧語音圏を次第に蚕食していき、その残った所が現在のズウズウ弁語音域である。出雲のズウズウ弁は何も中世や近世に始まったものではなく、古代から用いられていたふしがある。出雲がポツンと周囲から隔絶してズウズウ弁である理由を考えると、箱庭的世界の出雲ということに帰着する。

③ 語り口が温和でスローペースである。出雲人は動作が鷹揚であり、しかもズウズウ弁では早口にしゃべることは難しいから自然ゆったりとした話し方になり、全体として温和に聞こえる。箱庭世界の固定した人間関係の中ではきつい語感や激しい話し方は禁物である。

藤岡氏は、出雲人はコンプレックスを感じることなく、歴史ある言語を誇りを持って話すべきであり、言語文化の伝承者とならねばならない、とも語っておられる。私も同感である。方言は人間愛にあふれ、機知とユーモアに富み、動植物に親しみ、自然と共生した中から出来上がってきた言葉であり、疎んじることなく大切にするべき財産であると考える。

昭和三八年（一九六三）に発行された広戸惇・矢富熊一郎編『島根県方言辞典』は島根県全体の方言を集め、共通語の索引を付けた方言辞典である。現在では採録することが困難であると思われるほどの言葉が収録されている約九百頁の辞典である。残念なことに私が見る所、間違いが多く、改訂の必要を痛切に感じている。島根県のお宝だと私は思っているので、掲載論文の著者の許諾を取り付け、編者の遺族の了解を貰い、改訂作業を進めて、改訂版の発行を夢見ている。B六判からA五判にして、本文活字の大きさを大きくし読みやすくしたいと考えている。しかし、高額の印刷代がネックとなっている。

出雲の歴史・地理・風土色と人の気質

出雲の歴史・地理・風土色・人の気質を正面から論じた著作として、田畑修一郎『出雲・石見』（二〇〇四・六・一三　ハーベスト出版）、藤岡大拙『出雲人』（二〇〇四・一二・一八　改訂版第一刷　ハーベスト出版）の二作を挙げることが出来る。この郷里の先達が書かれた著作を手掛かりに、浅学菲才を顧みず大胆にも挑戦して、私なりにまとめてみたい。なぜなら、ここを通過して初めて、本書の「結語」を引き出すことが出来ると思うからである。

田畑修一郎氏（一九〇三―一九四三）は、夭折された益田市出身の作家で、代表作は一九三三年に発表した、芥川賞候補にもなった『鳥羽家の子供』である。

藤岡大拙氏（一九三二―　）は、出雲市斐川町在住の地方史学者であり、荒神谷博物館館長・松江歴史館館長を勤められ、巧みな話術と流暢な出雲弁を駆使して、八十歳を過ぎた今もパワフルに出雲のピーアールに暇のない方である。

田畑氏は、「上古以前の出雲は、現在の小さい区域ではなく、西は石見、東は伯耆、因幡を包含する一帯を指したものらしく」と言っているが、私も同じように考える。古代の出雲人の進出は、中国一円はもとより、丹後、北陸、信濃、大和、北九州にも及んでいたと考えられる。古来より、日本海の海上交通を利用し交易を盛んにし、勢力範囲を広げていったのが古代の出雲人であると考える。古代の出雲人は、開放的で闊達であったのではないかと想像する。出雲人は海人をルーツとしているのではないかと私は考えるが、この点については他日を期して、改めて述べてみたい。方形墓の四隅がヒトデのように飛び出た（突出した）いわゆる「四隅突出型墳丘墓」の分布を考えると、出雲人＝海人という説をとらないと説明がつかないように考える。「四隅突出型墳丘墓」は、石見の江川流域の北広島に点在し、出雲、伯耆、丹後、北陸へと日本海に沿って伸びている。江川を遡る、日本海を往来する、それは航海術に長けていたからこそ可能であったと考える。「四隅突出型墳丘墓」は弥生時代後期を過ぎると、突然造られなくなり、やがて前方後円墳に取って代われている。その理由は、部族間の勢力の交代であったと思われる。

出雲は、朝鮮半島との往来によって、一個の独立した文化を持っていたが、その製鉄技術は、いわゆる「国譲り」の後、大和に吸収された。大国主命と事代主命とが大和に恭順の意を表され、「国譲り」の大方針が決定された。その代償として、壮大な神殿を建ててもらった。杵築大社（出雲大社）がそれである。大和朝廷に屈服し、南方や大陸との、筑紫や越や諏訪とのネットワークが寸断され、列島内での出雲の地位が低下するにつれて、出雲は内向きになっていったのではないだろうか。

陰暦一〇月、すなわち他の地方では「神無月」であるが、出雲に限って神々がお集まりになる月であるから「神在月」という。出雲大社の主祭神・大国主命の下に、日本各地から八百万の神々が集まられるのである。出雲大社では「神在祭」があって、「国譲り」の神跡として名高い稲佐浜の仮宮へ諸国の神々が御到着になり、それから大社境内の御旅社にお入りになるという。さらに、佐太神社へ御参集になって、ここから出雲を発足され、それぞれ御帰国されるわけであるが、神々によって東組は朝酌下社、西組は万九千神社、その他十二の神社へ立ち寄られて、帰還の途に就かれる。松江の西北に当たる佐太神社（松江市鹿島町佐陀宮内）の神在祭は、「お忌祭」という。このように神在祭は、出雲内の各神社にわたって一つの物語的連携があり、各神社における神在祭の日を並べると、ちょうど神々が集まられ、また散じて行かれる足取りまではっきりと現れてくる。

佐太神社の「お忌祭」については、太田直行氏『出雲新風土記』行事の巻に詳しく書かれている。この太田氏の「お忌祭」に関する考察は、太田氏自ら末尾において、「神在祭と国譲りの関係について専門家の説に敢然反対を表する私の論断が必ずしも一顧の価値なき荒唐無稽のものとばかりは謂えぬであろう」と述べている。出雲一円にわたる「神在祭」と「国譲り」神話を結びつけた太田氏の考察を要約する。

お忌みと称するのは、神々の御参集中を憚って静かにしているためで、以前には佐太神社を社頭とする町村においては、歌舞音曲はもとより、裁縫なども禁じられたそうで、さらには、その付近では障子の切り貼りでさえ遠慮する風があったという。

ことに、神々が佐太神社をお立ちの前日、陰暦一〇月二五日の夕方は、出雲国内の各民家でも、牡丹餅、小豆雑煮などを作り、これを入口の大戸に塗り付けて、早くから戸締りをしてしまい、外出はもとより便所へ行くことさえ憚るが、これは御帰国の神々に行き逢うとたたりがあると信じられているからである。

大国主命と事代主命とが大和に恭順の意を表され、「国譲り」の大方針を決定されたにもかかわらず、一部には心中穏やかでない神がいて、帰国の途上各所で荒れ、あるいは庶民に当たり散らしたこともあろう。そう考えてくるとカラサデに御馳走を作って大戸に塗付けるのは、帰国の神々を饗応した当時の遺風であり、戸を閉めて外出しないのは荒ぶる神々の側杖を恐れての所業かと想われる。

このように想像することは、俗情を以って神明を汚すものとの誇りを免れないであろうか。少なくとも吾々出雲人には脈々たる実感としてそのように感じられるのである。

私は、出雲大社の信仰上の知識は皆無であるが、出雲に八百万の神々がお集まりになり、そして各国にお帰りになる、祭りの意味と訳を、この太田氏の考察によって初めて得心したのである。政治的にも文化的にも中心地であったという意識は、一種の自尊心を持つことになって、それが様々な形で今日に至るまで根強く出雲地方に浸み込んでおり、何とも言えぬ古さを感じさせている。大半の出雲人にとって、意識的に無意識的に、その底には何となく首都的な匂いを影の如くに持っていることは、その特殊な古さの意識が生きているからではないだろうか。

出雲が他のどの地方とも違った意味で一完体としての意味を持続し、その古さを損なわずに伝えることが出来たのは、一面においては地域的にも交通不便であり、長らく他地方と隔絶したままであったからだという指摘も出来る。藤岡大拙氏は、著書『出雲人』において、その辺りの消息を「箱庭的世界」と呼んでいる。出雲という箱庭は、内部が貧しければ人々は否応なしに外部へ働きに出なければならなくなり、外部からも人々が入り込んで、全体として人的交流が行われるが、古代から豊かであったため、内部で事を済ませることが出来た。出雲は、豊かな水産資源、森林資源、鉄資源、農業生産力に恵まれていた。豊かな箱庭的世界であれば、他地域との交渉は無用であり、長い間閉鎖的な孤立した世界として存続してきた。ぽつんと孤立した出雲の不思議は、一例を挙げれば、「灰持酒」という南方系の醸造法が、寒冷地では出雲にだけあることにも表れている。外来の多様な要素を大切に保存しているのが出雲の特徴と言える。

大国主命の「国譲り」の時代からずっと下って、一六世紀の初頭、尼子経久は中国地方に覇を唱え、「十一州の太守」とも称せられたが、宿敵毛利元就に攻められて滅亡してしまう。やがて、戦国時代は終わりを告げ、関ヶ原以後、慶長年間に出雲に入部した堀尾吉晴は、富田城（安来市広瀬町）を引き払って、全く新しい土地、末次・白潟（松江）に城下町を造った。堀尾氏は三代で途絶え、その後を襲封した京極氏は一代で途絶えて、寛永一五年（一六三八）に越前宰相の第三子松平直政公が信濃松本から移封してきた。それから、明治の藩籍奉還に至るまで二百三十年の間、出雲は松平氏の治世下にあった。

松平氏の定着によって、藩政というものが、その土地の事物と深く結びついて、人と物とを生かす力となり、出雲地方に影響を与えずにはいなかったのである。定着した藩侯が、その土地のことをよく知り、心を砕き、愛して行けば、地方文化の実質が生まれてくるのである。初代直政公から数えて七代目に当たる松平不昧公は、出雲を語る上に欠くことのできない人物である。もっとも、不昧公一人が偉かったわけではないので、そこには、風土から来るもの、歴史から来るもの、および出雲人というある一つの性格などが、寄り集まって出雲を形作っていると思われ、不昧公その人に出雲が反映したとも考えられる。したがって、その影響力も、出雲の人と物に沁みることが出来たと言えよう。

松江の町は、城下町のよさと、宍道湖の水と出雲の古さと、この三つのものがうまい具合に溶け合って、いかにも静まった、落ち着きのある、生の感じを湛えている。松江は、不昧公以来、茶と菓子の名処としては、京都は別として、全国では金沢と共に屈指の土地である。松江では、茶が日常生活に入り込んでいるのは、茶の持つ感覚的な味が出雲人の感覚的特質にうまく合っているからではないだろうか。

不昧公の治世下では、松江藩は各方面に根本的な改革と努力を必要とした。改革は、綱紀、産業、武備、土木、治水、などにわたって行われ、佐陀川の開鑿、「人参方」、出雲和紙、陶器、「鉄穴流し」、などに対して保護奨励政策をとった。松江藩松平家は、十代続いたが、七代治郷(不昧)公以外はとりたてて名君というべき藩主はいなかったと言われる。九代斉貴公も「やんちゃ殿さん」と陰口されるほど、江戸での評判は良くなかったようである。

やがて、明治維新。松江藩は親藩なるがゆえに、佐幕的態度を取らざるをえず、長州征伐に藩兵を動員した。幕府が滅亡すると、松江藩は曖昧だった態度を維新政府から難詰された。

さて、この項の初めの所で、ハーンの見た出雲人の気質に触れたが、藤岡大拙氏は、「箱庭的世界観」から生まれる出雲人気質を書いておられるが、かなり手厳しい内容である。

① 現状維持の保守性
② 閉鎖性
③ 排他性
④ 依頼心
⑤ 無口、無表情

それでは、出雲人気質は短所ばかりで、長所はないかと言えばそうではなく、長所もある。藤岡氏は、次の三つを指摘している。

① 繊細な感性
② 受容の美学
③ オオクニヌシ的な「しぶとさ」「したたかさ」

ハーンの見た出雲人の気質と藤岡氏の感じるものとの間には、共通性と相違点はあるが、経年による変化、時代の風潮なども考慮しなければならないと思う。

ここで、一人の人物に例えて、出雲人気質を見てみよう。広い意味で、隠岐島も出雲の範囲に入れることを許していただきたい。現在（二〇一六年一一月）、国技の大相撲九州場所が開かれている。島根県出身の幕内力士と言えば、関脇の地位にいる隠岐の海である。甘いマスクと立派な体格と横綱になれる素質を持った力士である。彼の相撲を取る態度を見ると、出雲人だなと私は思う。何が何でも勝ってやろう、横綱になろう、そのためには手段を選ばないぞ、というような態度を見せない。攻撃的な面構えを見せない。勝つために、荒業を使ったり変化したりしない。絶えず鷹揚に、自分本来の取り口を崩そうとしない。土俵際でも執拗な抵抗を示さない。負けても悔しそうな表情を出さない。ハーンの指摘する「没個性的な魅力」「没個性的な弱点」や藤岡大拙氏の指摘する欠点・長所を重ね合わせることが出来よう。だが、隠岐の海は海の男であり、優しさを湛えた海人だと私は思っている。

私は、悩み考えた末に日本の未来のあり方を予測しつつ、争うことを避けて「国譲り」を決断された大国主命の姿を勝手に想像して、隠岐の海の姿に重ねてみることがある。大きな袋を肩にかけ、因幡の白兎を救った心優しい大国主命を。大国主命は隠岐の海様な方ではなかったかと勝手に空想することがある。両者に対して礼を失する言い方かもしれないが、時々そんな思いに駆られることがある。

出雲人を含む島根県人の県民性を示す資料を二つ紹介する。

二〇一六年八月一八日付の読売新聞の地域版に、「県税徴収率八年連続一位」という見出しで、二〇一五年度の島根県の県税徴収率が九九・〇七パーセントで、八年連続で全国一になったと書いていた。島根県は高い徴収率を維持している要因として、納税意識の高い県民性を挙げている。

今一つは、選挙の投票率である。「一票の格差」が世上やかましく言われているが、史上最低の投票率五二・六六パーセント（小選挙区）を記録した第四七回衆議院選挙で、都道府県別では島根県が五九・二四パーセントと一位を飾った。実は、島根県は一九六九年の第三二回総選挙以来、十六年連続でトップを守っている。高い投票率の理由として考えられる点は、主に①県民性が真面目、②国民の義務と感じている、③生活の一部として、日常化した行事と理解している、この三つが挙げられるであろう。

この二つの事柄に、人の気質というものが感じられるのではなかろうか。出雲人を含む島根県人の高い納税意識と高い投票意識を、他の都道府県の国民の皆様はどのように感じられるであろうか。

【付記】昭和五九・六〇年（一九八四・一九八五）の二か年にわたる斐川町荒神谷における銅剣三百五十八本・銅矛十六本・銅鐸六個の発見、さらに平成八年（一九九六）の雲南市加茂岩倉における銅鐸三十九個の発見、この二つの弥生時代の青銅器の発見は、それまで物的証拠がないと言われてきた出雲を中心とする権力の存在を裏付ける結果となり、大きな話題となって出雲の地が湧きたった。

哲学者・梅原猛氏は、著書『葬られた王朝　古代出雲の謎を解く』（二〇一〇・五・二五　四刷　新潮社）の中で、氏の古代日本研究の出発点になった旧著『神々の流竄』の自説の誤りを認め、自ら批判された。また、大国主命という存在を十分に理解していなかったことも反省された。故・出雲在住の民俗学者、石塚尊俊氏は、かつて出雲神話の舞台と四隅突出型墳丘墓の分布が重なっていることを指摘されたが、梅原氏も同様にそのことに触れ、さらに、四隅突出型墳丘墓の思想にも言及された。二つの弥生時代の青銅器の発見と四隅突出型墳丘墓の発掘成果は、梅原猛氏の出雲に対する理解の根本的な見直しを迫る結果となった。

おわりに　推論と結語

出雲そばにまつわること、「わりご」、破子（割子）弁当、割子そば、国内各地のそばの名称、そば切りの初見と史料、出雲大社門前のそば屋、松平直政公・不昧公・斉貴公のそばとの関わり、江戸時代の出雲平野におけるソバ栽培、そば好きの新屋太助のこと、出雲の辛味大根、奥出雲町の水車小屋、石臼、そば屋の変遷（江戸・東京・上方）、松江のそばとそば屋、出雲流手打ちそばの技法、焼畑とソバ、たたら製鉄と農業、出雲の鉄師御三家と蕎麦との関わり方、出雲周辺のソバ栽培、出雲そばの近隣への伝播（出雲と隣町のそば屋）、割子の器のこと、出雲の風土と出雲人気質などについてここまで述べてきた。不明な点は今後解明していく課題として残るが、一応の結論を出さねばならないと思う。現時点の私の推論を述べて、本書の結語としたい。間違いがあれば、訂正することにやぶさかでない。真実は一つであるという観点に立ちたい。

不昧公のそばはお茶席の蕎麦

出雲そばと言えば、出雲人はすぐに松平不昧公を思い浮かべることだろう。不昧公が蕎麦大好き人間であったことは、文献・書捨て文・不昧公好み蕎麦懐石膳などが残されていることから明白である。しかし、そのことが、不昧公が割子そばを創始した、とはならないことを承知しなくてはならない。不昧公のそばは、お茶席の蕎麦であり、茶懐石の一献立である。茶席に蕎麦を取り入れて昇華させたのが不昧公である。それが証拠に、不昧公好み蕎麦懐石膳という道具が今日まで伝わっているのである。不昧公好み蕎麦懐石膳の様式は本書ですでに説明した通り、割子そばとは食べ方が違い、別物である。不昧公は、そばが好きで、そばという食べ物の本質を見極め愛した人物であることには間違いないけれど、割子そばを不昧公が創始したとは考えてはならないと思う。

出雲におけるそば切りの系譜は、不昧公の時代以前から始まり今日まで伝承されてきた。その中の一時点に、突出した工夫をした方が不昧公であったと考えねばならない。そばという食べ物は、食生活の一つの地位から、食文化、さらに料理文化へと高められていった経緯があると思うが、不昧公もそばを料理文化へと押し上げていった一人のように思う。蕎麦史研究の大家・新島繁氏は、昭和三九年（一九六四）放送のＮＨＫテレビ「日本の伝統　そば」の企画に携わっているが、著書『蕎麦史考』（東京書房社）「不昧公と雲州そば」の中で、「松江では不昧を雲州蕎麦の祖として崇める気風があり、昭和三十五年五月二十日の忌日に松江のそば会が発足。」と指摘している。不昧公の存在を出雲人は誇りに思うわけであるが、麺食の歴史上の史実と混同してはならないと考える。出雲蕎麦史の解明はこれからであろう。

出雲におけるそば切りの系譜

そば切りの歴史についてはすでに本書で簡単に記した。日本にソバが入ってからは、長らくケ（日常）の食として、そばの粒食・そばがき・そば餅（団子）などの時代を経てきた。一例を挙げれば、石見地方では、「どじょう」みたいな太いそばを、塩味をつけた小豆を煮た汁の中に入れて作った「どじょう汁」を食べている。隠岐では、焼餅を食べている。一方、麺食の歴史を見ると、そうめん・うどんの方が、そば切りより早い時代に誕生し、発達している。そば切りが誕生すると、ハレ（非日常）の食として発展・普及し、やがてケの食とハレの食が併存する過渡期を経て、ケの食になる、と言えよう。

出雲におけるそば切りの系譜を見てみよう（私の知る史料の範囲内）。

1. 寛文六年（一六六六）に、出雲大社上級神職・佐草自清が松江藩寺社奉行・岡田半右衛門からそば切りを振舞われた。

2. 寛延二年（一七四九）九月二八日に、松江藩松平家第六代藩主松平宗衍公が、松江藩御用商人瀧川伝右衛門宅へ「蕎麦切」を所望している。だが、何かの都合でその日は「蕎麦切」は出されなかったようだ。しかし、当時瀧川家にはすぐに大人数の「蕎麦切」を提供しうる態勢が備わっていたことが分かる。

3. 松平不昧公（一七五一―一八一八）が生前そばを愛した。文化六年（一八〇九？）の茶会記に、「薄蕎麦皮焼　摺つぶしあん　とも」が見える。文化七年（一八一〇）の茶事記に、「御蕎麦湯　播磨鍋」が見える。

4．文政九年（一八二六）から嘉永六年（一八五三）まで、松江藩御用商人の番頭・新屋太助がよくそばを食べた。当時の松江城下にそば屋が存在していた。

5．松江の堀禮蔵という方が、江戸末期から明治の中頃まで、ソバを栽培し、自ら調理してよく食べた。

6．元松江商工会議所専務理事・太田直行氏（一八九〇－一九八四）は、蕎麦全般について詳しく研究し文書を残した。

7．紀行文作家・戸塚文子氏（一九一三－一九九七）の松江郊外に住む友人（家庭の主婦）は、昭和三〇年ごろそば打ちをし、調理して、薬味豊かに客に提供していた。

8．昭和三五年（一九六〇）に、松江の著名人が集まり、出雲そばを盛り上げようと「松江そば会」を発足させた。

9．荒木英之氏（一九三〇－二〇〇八）が、『松江食べ物語〈秋・冬〉』「そば①～⑬」を平成八年（一九九六）に著わした。

私が拾い出し得た史料が少なく、寂しく残念であるが、事実を受け止めたうえで、今後の発掘を期そうと思う。

江戸時代の松江藩藩主の年代を一例に挙げて松江城下における「蕎麦切」の歴史を見れば、寛文六年は初代直政公・二代綱隆公の頃、八十年後の寛延二年は六代宗衍公の頃、次は七代不昧公の頃、そして九代斉貴公の頃と、僅かな点としての出雲蕎麦史を垣間見ることが出来る。その時点における「蕎麦切」を振舞った人物あるいは賞味した人物を史料から拾い出すと、松江藩寺社奉行の武士、松江藩の御用商人、藩主、さらに店の番頭へとつながっている。時代が下がるとともに「蕎麦切」の普及度合いの深まりを感ずる。

他に眠っている史料が多くあるはずである。私が挙げた九例は、氷山の一角と認識すべきである。この九つの事例は、こよなくそばを愛し、探求・工夫して自分の味を築きあげた、傑出した事例と言えよう。それを支えた底には、出雲の人々のそばへの愛着が大きな流れとして存在し、出雲のそば食文化を押し上げてきたと思う。

そばを生業とするそば屋の消長は、挙げることの出来た店舗数は少ないけれど、すでに別項で記したとおりである。

そして、一般民衆のそば、郷土のそばは、その地域に暮らす人々の生活の中から育ち、近在にそば打ち名人が生まれ、隣近所の人々はその名人に習い、あるいは嫁いできた主婦が家で習得し、自分たちが食べるために、愛する家族や、親しい友人、お客さんに感謝の気持ちをおいしいそばで伝えるために、作り方を工夫してきたのである。今日まで、出雲流のそば打ち技法は、家庭やそば同好会に伝承されてきている。

出雲そばの伝播と松江の「連」

荒木英之氏は、著書・『松江食べ物語〈秋・冬〉』（一九九六・二・一　山陰中央新報社）「そば②〈連〉がはぐくんだ傑作」五六頁で、次のように書いている。

出雲独特の蕎麦食文化に高めさせたのは、江戸後期で、松江経済の繁栄を背景にした外食の発生と流行、そこを舞台にした「連」が完成させた松江食文化の傑作である。

（注）連＝身分を越えた趣味人の集まり

さらに、「そば⑦　手間暇かけたカケツユ」六六頁では、「（前略）経済繁栄した文政―天保年間に、松江の〈連〉が完成させたカケツユはこうだ。地伝酒に梅肉を加えて酒精を煮切り煎り酒を作る。（後略）」と書いていて、そばの掛け汁は文政～天保年間に「連」が開発したとしている。「連」という組織は、荒木氏の文章から判断すると、そば好きの団体、趣味人の集まりと思われる。『松江食べ物語』「そば②、⑦、⑧、⑨、⑩」と五項目の中に、「連」の説明が出てくる。文政～天保年間に「カケツユ」を開発したというから、割子そばも同じころに開発されたことになるであろうか。ただし、荒木氏が年次を追って文献を渉猟し、「連」の活動をまとめられたかどうか、ということには疑問があるように感じる。「そば⑧　平椀八分の割子」において、荒木氏は、割子の容器をそれまでの長方形からまん丸の形に変えさせたのが「連」である、と書いておられるが、正確には明治末年に当時の警察署長の発案で、割子の形は長方形から丸形に変わっていったのである。この警察署長が「連」のメンバーであったかどうかは不明ではある。「連」が江戸後期に誕生したとして、それが明治、大正、昭和と連綿として継続したかどうかはわからない。荒木氏と親交のあった、松江市在住の郷土史家・乾隆明氏にこの点について確かめた所、乾氏がかつて「連」の出典について荒木氏に尋ねたことがあるが、はっきりしたことを乾氏に荒木氏は答えられなかった、と私に返事されたのである。

私が考えるのに、「連」に関する史料はないが、何らかの力が働かねば物事は人から人へ伝わっていくことはできないと思うので、そば食が広がって行くうえで、ある団体の存在を考えることは不自然ではない。したがって、荒木氏のいう「連」がその役割を果したと考えてもおかしくはない。ただし、「連」の発生を、江戸後期と断定することが出来るかどうかは疑問に思う。

荒木氏は、荒木英信という著者名で『新編松江八百八町町内物語』(二〇一二・四・五 ハーベスト出版)をも出していて、「十一、松江茶どころ」一二四・一二五頁では、お茶に関して書いている。


古書をひもといてみると面白いことが書いてあった。いかな不昧公のお膝元でも、町人はお茶を飲めなかったらしい。この地方へお茶が植えられたのは貞享二年(一六八五)、今から二百七十年前である。それから百三十年余り後の文政元年(一八一八)にはまだ茶が出まわっていないが、盛んに茶畑増反を命じたとある。同四年には薄茶、並、上品の煎茶はぜいたく品として売買を差止め、なかでも挽茶は町人に悪影響を及ぼすとして厳重に禁じられた。さらに天保五年(一八三四)から安政二年(一八五五)までしばしば布令を発して禁じられた。われわれ町人は浜茶か番茶で我慢したものだそうである。ようやくあと八年で維新になるという万延元年(一八六〇)になって薄茶が飲めそうになった。ただし病人の薬用に限り、両町に三軒のみ商売を許し、隠商を厳しく取り締まったとある。

ここに書かれているお茶に関する松江藩の禁止令は、松江市在住の郷土史家・乾隆明氏もその史実を認識しておられるので、事実であったようだ。松江城下の町人は、幕藩体制が崩れる前になって、明治維新が八年後にやってくる時期に、やっとお茶が飲めるようになったことになる。江戸幕府は、治世の間に財政事情に応じて、倹約令や禁止令を発しているので、松江藩でも同様のことがあったといえる。万延元年は、すぐに明治維新を迎える時、幕藩体制が崩壊する直前の時である。

倹約令や禁止令が断続的に出されている頃に、「連」という団体は、そばを楽しむ会合を持ち、「拍子木食い」などに興じていたのであろうか。趣味人の会合に対する松江藩や世間の風当たりはどのようであったろうか。

本題から記述がそれる気がするけれど、「連」という語にこだわり、よく似た語の「連中」という語が松江藩に登場するので、小林准士『松江城下の町人と能楽』(二〇一四・三・三一 島根大学法文学部山陰研究センター)から紹介する。「連中」とは、「御松囃子《まつばやし》」を勤めた町人を指す語である。「御松囃子」とは、江戸時代に幕府や大名家で行われた正月の謡初めの行事をいう。そば好きの新屋太助が、松江の和多見町にあった瀧川家(松江藩の御用商人)の分家に勤めた人物であることは本書ですでに述べた。その本家である瀧川家の瀧川伝右衛門が残した日記『御《お》囃子《はやし》日記』は、「連中」の活動記録であって、第一冊は天保一二年(一八四一)頃から万延元年(一八六〇)まで、第二冊は万延二年から元治元年(一八六四)一一月までのことが記されている。瀧川家は、松江藩松平家初代直政公の治世に、瀧川家二代目伝十郎が祝儀として囃子と謡を勤めて以来、代々、御松囃子と藩主入国時の御祝儀を勤めてきた。能楽は武家の式樂であったが、江戸時代の町人や百姓も能楽を習っていた。

小林准士氏の著書を読むと、瀧川家の地位と役割、松江藩の財政状況、貨幣経済の発展に伴う町人の台頭、能楽が催された時の料理が松江の町人の日常食であること（新屋太助の日記にも出てくる「のっぺい汁」など）、などを理解することが出来る。

次に、新屋太助の日記の内容を検討する。太助は、良くそばを食べ、自ら調理し、そばの中身のこと（皿そばや冷そば）にも短い文ではあるが触れている。商人として、松江藩の動向や世情にも通じていて、知識豊かで能筆でもあった。にもかかわらず、破子（割子）あるいは破籠の文字を冠したそばは日記に全く出て来ていない。ということは、当時、割子なる器で食べるそばは存在しなかった、と判断することが出来る。存在していれば、太助も書いたはずである。したがって、割子そばは、太助の時代には存在せず、その後に誕生し、一般に普及したと結論づけねばならなくなる。また、荒木氏が言う所の「連」という趣味人の集まりを思わせるような記述が太助の日記には見当たらない。残念ながら、そば好きの太助が同好の士と一緒にそばを食べたことをうかがい知るような内容は日記にはない。普段の日常生活の中でのそばしか見られない。

割子そばの普及は江戸末期

「わりご」は、元々、家の外で食べる弁当として普及してきた。その「わりご」の様式をそばに応用したのが、割子そばである。野外で食べるために、割子の器の中に仕切りを入れ、広い方に麺を入れ、狭い方に薬味を入れ、器を箱に納めて外に運び出したのである。

仁多の桜井家の什物、天保六年・一二年の二つの破籠は、中の仕切りが付いていて、麺と薬味を分けるようになっている。野外食用に誂えてある。ところが、時代が下がって誂えたと思われる、三つ目の器、箱書「春慶　蕎麦破籠三拾」の器には、中の仕切りがない。器に麺だけを入れ、薬味は別の器に入れるようになっている。大きさも小さい。器が小さくなると、当然のこととして盛る麺の量も少なくなる。器の大きさが、出雲の献上そば羽根屋の明治初期の割子（器）の大きさに近づいている。この変化は、薬味を入れるための仕切りを作る必要がなくなったことを示していると私は考える。わざわざ一緒に薬味を入れる必要がなくなったと判断する。

つまり、割子そばは野外食から室内食へと転換されたと考える。室内であれば、別の器に薬味を入れておいて、好きなように取り分けることが出来、簡便性がある。この器の変化は、割子そばが野外食から室内食へと転換したことを意味している。要因としては、人々の生活様式の変化、嗜好の変化、外食の普及などが考えられであろう。転換が図られた年代は、桜井家の什物に記された天保一二年より後の頃、「春慶　蕎麦破籠三拾」の器が作られた頃と推測する。年代を言えば、江戸末期の頃、この頃から室内食としての割子そばが一般に普及し始めたと考える。江戸末期と考えれば、新屋太助の日記に割子そばが全く登場しないことと符合する。

割子そばを生み出し普及させた団体が、荒木氏が言う所の松江の「連」であったかと思われる。荒木氏は、割子そばを始めた年代を江戸後期と断定しているが、それでは時間軸が長すぎるし、器物の変化、野外食から室内食への転換、新屋太助の日記の内容、などを考え合わせ、私は十九世紀の後半過ぎもしくは末頃、江戸末期と考える。十八世紀からの商業・流通の発展による経済の活性化がやがて消費の開放を促し、人々が新しい時代の到来を感じた頃、幕末ではなかったかと思う。質素・倹約の美名のもとに行われていた道徳的な消費抑制が取り払われ、幕府や松江藩の出す法令は変質する社会の勢いを多少抑制することはできても、もうその法令が厳格に守られることを期待する者はいなかったように思われる。その状況下で、趣味人グループの影響力が周囲に及んで、割子そばが広まっていったと推察する。松江という土地が持つ力も働いて周辺に拡大していったのではなかろうか。

江戸時代から明治時代に移り、時勢の変化と社会変革が進むうちに、割子そばもその地位を築き、発展していったように思う。「わりご」という言葉に「割子」という漢字を当てた理由は、「破籠」や「破子」よりわかりやすかったからではないかと推測する。

割子そばを守る出雲人

そして、出雲人は定着した割子そばの様式を守ってきた。決められたことは守るのが出雲人である。他人と違ったことはやりたがらない守旧性を指摘することも出来よう。過去から築かれ日常化した作法を守る真面目さである。今日まで割子そばが続いているのは、やはり出雲人気質によるものであろう。

寛永一三年（一六三六）の松本藩内贄川宿でのそばの食べ方は、椀の中に麺を入れ、その上から薬味を載せ、汁をかけて食べるやり方であった。これがそば食の原初的な食べ方であったと考える。出雲は、椀を割子に替えて食べた。この簡便な方法を出雲人は好んだといえよう。出雲人はせっかちな性質であるとは思わないけれど、割子に麺を盛って、薬味をかけた上に汁をかける方法を続けた。人はどこでも同じと見えて、江戸でも、元々はそばを汁に浸けて食べていたところに、そばに汁をかけて食べる「ぶっかけそば」が元禄(一六八八〜一七〇四)の頃から流行っていった。手っ取り早いからだっただろう。「ぶっかけそば」はやがて寛政(一七八九〜一八〇一)の頃になってから「かけそば」となっていった。出雲はその簡便性に注目し守り続けてきたわけである。

すでに見てきたとおり、出雲地方は、ソバの栽培面積・収穫高とも数値の上では国内において高い方ではない。また、兵庫県の出石町のように、そば屋が数多く集積しているわけでもない。にもかかわらず、出雲そばは名高い。なぜなのか? そのわけは主として、継続して割子そばの様式を守ってきた独自性、オンリー・ワンのしからしめる所であろう。他県の人々はその点に魅力を感じているのではなかろうか。

出雲周辺のソバ栽培記録から

そばの食生活・食文化が成立するには、原材料のソバが生産されておらねばならず、ソバ栽培についても言及しておかねば片手落ちになる。私が知り得たわずかな史料を挙げて、その性格を押さえておく。そうすることによって、食べ方は時代によって変化したであろうが、そば食が永続してきたことを生産面から少しでも明らかにしておきたい。出雲及び隣接地における栽培の史料を年次ごとに羅列する。

1. 飯石郡中来島村（飯石郡飯南町来島）
慶長七年（一六〇二）　ソバ九反
2. 神門郡矢野村（出雲市矢野町）、吾郷家
安永三年（一七七四）　ソバ吉
3. 神門郡矢野村、吾郷家
安永四年（一七七五）　ソバ吉
4. 石見・三瓶山麓の小屋原村（大田市三瓶町小屋原）
文政一三年（一八三〇）　ソバを他所へ売り払う
5. 石見・三瓶山麓の池田村（大田市三瓶町池田）
慶応二年（一八六六）　ソバ百石
6. 仁多郡大谷村（仁多郡奥出雲町大谷）、絲原家作物
明治六年（一八七三）　ソバ三斗
7. 石見・三瓶山麓の池田村
明治一〇年（一八七七）　ソバ四石を大田村へ
8. 石見・三瓶山麓の志学村（大田市三瓶町志学）
明治一〇年（一八七七）　ソバ三十三石八斗を大田村へ
9. 石見・三瓶山麓の小屋原村
明治一〇年（一八七七）　ソバ四石を大田村へ

10. 恵蘇郡（北面が島根県仁多郡に接していた広島県管轄の郡。庄原市の一部）

明治一七年（一八八四）　ソバ二百七十三石

栽培したソバの用途を、自家消費用か、商品作物かの色分けをすると、1.から3.までは自家消費用（2.と3.は、個人が出来不出来の感想を記したものであるので、栽培面積及び収穫高は不明。出雲平野内での栽培と考えられる）、4.は売ったと書かれているので明らかに商品作物である。5.は商品作物として大田村へ販売したと思われる。6.は自家消費用（絲原家は出雲鉄師御三家のひとつ。絲原家所有の土地での収穫高）。7.から10.までは商品作物と考えられる。7.・8.・9.は、4.・5.と同じ土地、三瓶山麓での栽培である。10.の恵蘇郡は山間部であり、収穫高をも考慮すれば、郡内での消費ではなく、他所へ販売したと推測する。

新屋太助が残した難問

新屋太助がそばを食べた際の数を、「膳」と数えていたことはすでに記した。この「膳」は、何の器を指すのか明らかにして、本書の締めくくりとしたい。

「新屋太助『大保恵日記』の蕎麦」の項で見てきたように、太助は皿に盛った冷そばを食べていたことが分かっている。太助はそばを食べた際の記述として、「破籠」「破子」「割子」という文字を使っていないことがはっきりしている。そばを食べた際の数詞として「膳」の文字を使っていることなどを考慮して、私は先程太助が生きていた頃は、一般にはまだ割子の器は現れていないと結論づけた。そうすると、そばを食べた皿以外の器は何であったのか、これを明らかにせねばならない。

片方の手に持つ箸は、変わらぬ器具として、不変のものとして、日本人は今日まで継承してきている。もう片方の手で、どの器を持ってそばを食べたのか、それを「膳」と太助は呼んだのである。選択肢として残されているものは、椀、碗、鉢、丼の四つである。四つの中の一つを特定しなければならない。簡単には突破できない難関に感ずるが、出雲以外の他国の実例を援用する(出典は、青木直己『幕末単身赴任　下級武士の食日記　増補版』〈二〇一六・九・一〇　筑摩書房〉)。

紀州和歌山藩士酒井伴四郎(二十五石ほどの下級武士)は、桜田門外の変で大老井伊直弼が暗殺された約三か月後に、江戸藩邸勤務を命ぜられ、万延元年(一八六〇)五月二九日に江戸に到着した。二十八歳の時である。この下級武士は、そばが好きであったようで、万延元年一一月から一年間に三十一回もそばを食べており、その内十四回は酒も一緒に飲んでいる。江戸のそば屋に入ると、「盛り」か「かけ」かと聞かれ、すぐに答えねばならないともこの下級武士は書いている。彼が食べたそばは、「もりそば」や「かけそば」が主だったようだが、時にはちょっと贅沢をして種物なども食べている。そばを食べる時は、いつも「二ツ」つまり二杯食べていた。紀州はつなぎに鶏卵を使っていたので、江戸の小麦粉つなぎのそばは、胸につかえて三杯とは食べられないと言っている。和歌山のそばと江戸の汁を合わせれば、「腹の裂るをしらず」に食べられるとも言っている。

五月二九日江戸に到着したその日に、買い物帰りの途中空腹を覚えて、江戸で初めての外食にそばを食べている。「空腹になりそば二膳喰、それより帰り」と日記に書いている。「二膳」と書いているので、数詞としては「膳」の語を使っていたことになる。

これが一つ目の他国の実例である。二つ目に、同じく下級武士の実例を、大岡敏昭『武士の絵日記　幕末の暮らしと住まいの風景』（二〇一五・六・三〇再版（株）ＫＡＤＯＫＡＷＡ）から援用する。

江戸から十五里ほど離れた武蔵野の一角に小さな城下町があり、幕末には松平氏所領の忍藩十万石の城下（現在の埼玉県行田市）であった。そこに尾崎石城という下級武士（僅か十人扶持、現在の金額にすれば、年収一一三万円）がいて、彼が書き記した『石城日記・全七巻』が残されている。絵日記は、彼が三十三歳になった文久元年（一八六一）から翌二年までの百七十八日間の暮らしを、自宅、友人宅、寺や料亭などの様々な人々の暮らしを、具体的な記述と挿絵で丹念に書き描いたものである。日記に出てくる蕎麦を三例挙げる。

1．友人宅の酒宴の席で、六段に重ねられた蕎麦の重箱があった。

2．料亭での料理。「蕎麦六椀、鰤煮付二皿、酢章魚二皿、鰤魚軒二皿」（鰤魚軒とは鰤の刺身のこと）

3．正月の元旦料理に、蕎麦を入れた四段の丸い重箱とそばつゆを入れた急須が供されている。

2.では、はっきり「六椀」と書かれている。1.と3.は、蕎麦が重箱に入れられて供されていて、石城たちは、そばを重箱から取り分けて食べたことになる。描かれている人物の周りに椀とおぼしき器が置かれている。絵からは、椀か碗であるかは判別が出来ない。民俗学者・神崎宣武氏に意見を求めた所、武家筋であれば、「漆器椀と見ておいた方が無難でしょう」との返事であった。

日本の食生活、食文化、食器の歴史を見ると、左手にワン、右手に箸である。ケの主食が、雑穀や根菜類を混ぜた糅飯（かてめし）であるがゆえに、あるいは粥や雑炊であるがゆえに、食器としての箸とワンを生んだ。ワンの分野では、漆器椀が早くに出まわっている。食生活上の一つの必需品が箸と漆器椀であって、今日まで日本に定着している。

磁器が食器として割り込んでくるのは比較的新しい。宝暦七年（一七五七）に輸出が止んで、それまで色絵の施された飾壺や飾皿などの大型・華美な磁器のヨーロッパ向けの輸出が止んで後に、有田皿山では本格的に国内向けの商品開発に取り組むようになる。つまり、十八世紀半ば過ぎになって小物の食器類としての磁器が出まわってくる。

有田皿山で磁器の食器類を作り始めて七十年後になる文政九年九月二八日の日記に太助は「皿ソバ也」と断り書きをしていて、晩年の嘉永六年六月二四日には「冷蕎麦を食べる」と記している。この二日の断り書きが意味するところは、普段は温かいそばを食べていた、ということになるであろう。

今一つ、事例を考えてみるに、大正の終わり・昭和の初めの頃まで存在したと思われる、太田直行氏が言う所の「かけそば」というそば振舞いには椀を使ったと思われる点を考慮する。お代わりのそばを移す器としては、磁器より木製の椀の方が便利であると思う。さらに、蕎麦に魅入られた松江の堀禮蔵氏は、体調が悪くなるとそばを「数椀を喫」して心身共に爽快にしたと言っている。明治に入っているので、すでに割子は出まわった頃であるが、堀氏は自宅でそばを食べる際に「椀」を用いている。

以上の点から類推し、鉢や丼は対象から外して、椀か碗のいずれかに結論づけしなければならない。松江城下の町人・新屋太助は、武家ではないが一般庶民でもなく、松江藩御用商人の店の番頭にまでのし上がった人物である。どちらかと言えば、富裕層に属したと言ってよいであろう。幕末の下級武士の二例、「かけそば」や堀禮蔵氏の事例、および神崎宣武氏の返答をも考慮し、新屋太助がそばを食べた器は、皿でもなく割子でもない、椀であったと私は推測する。これが私の結論である。

【付記】昨日（二〇一七年五月一五日）友人から、蕎麦椀の道具を入手したという連絡を受け、さっそく拝見させてもらった。

嘉永四年九月に難波助右衛門なる人物が三両の代価を払って、輪島塗蕎麦椀二十人前を求めたことが箱書きされている。十人前一箱で、二箱に納められている。割子の様式でなく、不昧公好み蕎麦懐石膳の様式で、椀・懸子・蓋の三点で一揃いになっている。つまり、椀に麺を、懸子に薬味を、蓋にそば汁を入れて、麺を汁に浸けて食べる器物であると思う。友人は付属の道具は求めていないので、そば汁注ぎなど他にどういう器を揃えていたのかはわからない。難波助右衛門なる人物を特定する作業はこれからである。三両という金高の評価、難波姓の調査を始めねばならない。

この道具の出所は、入手経路・器物の有様など状況判断して、松江であろうと私は考える。嘉永四年というと新屋太助が生きていた時代である。この時代に難波助右衛門なる人物が割子ではなく、不昧公好み蕎麦懐石膳の様式で食べる器物を誂えている点に私は注目する。

割子の器の変遷過程について

「第八章　割子の器の考察」末尾の【付記】において、出雲市大社町の藤間家に伝わる割子そばの小判形割子道具について触れ、一つの疑問が湧いたことを書いた。この疑問は割子容器の変遷を考察していくうえで、ヒントになるような気がしてきた。判断材料が乏しく割子の器はどのように変化していったのかをすべて解明することはできない。おぼろげながらの推察としかなり得ないが、私のまとめを書かねばならないであろう。

江戸期に松江藩の本陣宿を勤めた出雲市大社町の藤間家には、明治九年箱書きのある割子道具が伝わっている。箱入りで、持ち運びができるように拵えてある。小判形容器が二列に納められるように作られている。私は直接実物を見ていないので、何段に重ねられるように出来ているか、写真からは判断しづらい。五段重ねであれば十個入ることになる。

明治九年に、長方形とは形状の異なる曲物の小判形の割子が作られていたことが分かる。藤間家の麺を盛りつけた写真から判断して、割子は中仕切りを入れない作りである。出雲において、小判形の器の出現は、江戸期の形・長方形の後と考えられる。桜井家の什物を例に取れば、天保六年、十二年の破籠の後に作られた製作年次未記載の破籠よりも時代が下がって出てくると考えられる。

藤間家に伝わる割子そばの道具は、明治に入ってからの中仕切りがない小判形であり、それ以前の道具として伝わるものが藤間家では割子そばとは異質の不昧公好み蕎麦懐石膳である。この間の断絶をどう考えるのか。私は、この断絶を埋めるものが桜井家の三種類の破籠であると考える。松江藩の本陣宿を勤めた桜井家、藤間家に伝わる什物の制作年代を見ると、桜井家の破籠から藤間家の割子へと流れている。

一方、そば屋の羽根屋においては、明治初期は長方形、中期は四隅を面取りした長方形、明治末年以降は丸形へと変化している。長方形から丸形に替わる理由はすでに述べたが、警察署長の発案でしかも衛生上の判断によるものであり、羽根屋に限らず大方が替わっていったと考えられる。

出雲の各家庭に伝わる割子そばの道具とそばを商うそば屋の道具とは作り方や仕上げ具合に自ずと違いが生じたと思われる。だが、形そのものの傾向は経年変化があっても大差なく同じ系統を保ったと考えられる。

桜井家、藤間家、羽根屋、この三者の間で、器の製作に関する情報を共有していたかどうかはわからない。

長方形と小判形、小判形と丸形はそれぞれ併存していた期間があったと思われる。

出雲の割子そばの器の変遷過程は大筋において上記のようであったと思う。

この項を終えるに当たり、本書を執筆する上で参考にさせていただいた著書を一冊紹介したい。日本人と食事の文化を考える時、箸と茶椀（碗）は大切な器具であり、ごく当たり前に私たちは使っている。この当たり前が、実は当たり前でないことを、今日の私たちはもう一度認識する必要があると思う。その意味において、神崎宣武『「うつわ」を食らう』(一九九六・五・三〇第二刷　NHKブックス)を一読されることをお勧めする。

はからずも蕎麦に魅入られた私が、このたび、日本のそば切りの歴史の流れを俯瞰し、出雲そばの、国内に於ける位置、淵源と変遷を探ろうとして本書を執筆したが、その目的を達しえていないことをここに自認するとともに、今を出発点として、今後、蕎麦に関する古文書・古絵図の発掘および解読に努め、出雲蕎麦の研究に邁進したい思いで一杯である。

私は、出雲蕎麦史の年表を作って気づいたことがある。出雲蕎麦史を語るにはあまりにも史料が少なすぎるのである。ことに、寛文六年(一六六六)の記録から、不昧公に関する記録が出てくるまで、不昧公がいつ頃から蕎麦を究められるようになったかわからないが、文化六年(一八〇九)の茶会記の記録を引き合いに出せば、百四十年余りの空白がある。この空白を埋める必要を感ずる。ごく最近、寛延二年(一七四九)の頃に「蕎麦切」が松江藩御用商人・瀧川家で行われていた記録が見つかった程度である。出雲が蕎麦の先進地であったと主張する上でも、基礎的な調査・発掘の上に立った史料研究が求められるであろう。出雲蕎麦史を明らかにすることが、産み育てていただいたふるさと出雲に捧ぐべき私の恩返しと考えるものである。

そして、幸いにも本書に対する読者が得られれば、出雲蕎麦史の解明に与するべく、忌憚のない批評を与えていただきたいと願う。

最後に、本書を執筆するに当たり、資料提供・取材および写真撮影協力・文献の引用・校閲・

助言・描画など、ご支援いただいた皆様方に、心より感謝申し上げる次第である。

わりご

器

絵　杉原孝芳

昭和期から現在のわりご

大正・昭和期のわりご

明山の潮のわりご

江戸期のわりご

杉原孝芳（すぎはらたかよし）画家
一九四九年、出雲市斐川町生まれ。二〇〇一年、画業に専念。光陽会委員、島根洋画会会員、ＮＨＫ米子文化センター講師。出雲市斐川町在住

〈参考資料〉高瀬礼文「科学の眼」四論文の紹介

出雲そばとは対極にあると言ってよい江戸そばのことを記すのは、無用だと言われそうであるが、あえて江戸そばについて触れることによって、比較対照してみて、出雲そばの特徴を理解することが出来るのではなかろうか。このように考えると同時に、一方で、私が蕎麦と関わる中で、知遇を得た方、高瀬礼文先生の思い出を語らしていただきたいと思う。

故・高瀬礼文氏（一九三一―二〇〇七）は、数学者（位相幾何学）・元早稲田大学名誉教授、清春芸術村ルオー礼拝堂オルガニスト、そしてそば博士であった。日本の蕎麦の純粋さ、格調の高さに魅せられ、手打ちそばの職人芸に没頭された。『そばの本』（一九九五・七・二五第七刷　文化出版局）、『おいしい出雲そばの本』（二〇〇〇・七・二〇　ワン・ライン）など、蕎麦に関する著書がある。

高瀬礼文先生との思い出を述べる。いきさつは忘れたが、どなたかの紹介で私が『おいしい出雲そばの本』を造る際に監修者としてお願いした。その後、出雲市議会の三人の議員の発案から出雲でそば祭りを開催する計画が持ち上がり、私もその準備要員として駆り出され、前年の秋ごろから何十回となく会合が持たれた。二〇〇二年一一月、「第一回神在月出雲全国そばまつり」が開催され、高瀬先生に蕎麦談義の講師として、親友の陶芸家・辻清明氏（一九二七－二〇〇八）とともに出雲に来ていただいた。その間、二度か三度だったかはっきりしないが、先生のご自宅を訪れた。神奈川県小田原市のマンション住まいで、玄関を入ると、石臼が置いてあり、先生がそば粉を挽くのに使われていた。部屋の中には辻清明氏の作品が所狭しと並べられており、私は作品に体が当たりはしまいかと落ち着かない心地でいたことを思い出す。先生の居間の隣に、そば打ちの部屋がガラス戸越しに拵えてあり、特注品の蕎麦道具が整然と並べられていた。一度は先生が打たれた江戸流のそばをご馳走になった。匂いがうつるのが嫌とかで、ご自宅では他の料理は一切せず全て外食するとおっしゃっていた。先生の友人の有名な箱根のそば屋さんでご馳走になったこともある。

ある時は、先生の美術収集品の一つ、中国・龍泉窯の小ぶりな砧青磁茶碗を見せていただいたこともある。龍泉窯の茶碗を手にするのはこれで二度目である。初めては、京都北山・鹿苑寺（金閣寺）の収蔵庫で手にした銘を「雨龍」という、エメラルド色の、青磁中出色の出来と言われる、高台も小さくキリット引き締まる作品であった。私は、この作品の魅力（魔力）に触れ、色と形の美しさに時間を忘れて見惚れた。この体験がきっかけとなって、青磁の碗が好きになり、故・塚本快山氏（一九一二－一九九〇　人間国宝）を岐阜県土岐市の窯に尋ねたりした。また、高瀬先生は、画商が勧めたので購入したと言われるルオーのイエス・キリストを描いた絵画を見せて、「君、これ、いくらしたと思うか」などと質問されたこともある。絵のサイズは小さかったが、かなりの高額であった。

高潔な人格の持ち主で、とことん手打ちそばの道に精進された方であった。訃報に接して小田原のマンションにお悔やみの電話を入れた際は、甥にあたる方が出られ、後処理をなさっておられた。

先生の著書『そばの本』九二・九三頁に、ドイツやフランスで「そば屋を開業」された様子が書かれていて面白い。

麺類業界の専門誌『そばうどん』（柴田書店）に、高瀬先生は、江戸流の手打ちそばの本質を見極めるべく、科学者としての分析を試み、四回に渡り論文を発表された。

一六号（一九八六・七・三〇）「科学の眼　土たんぽの秘密を探る」（三頁）
一七号（一九八七・九・一〇）「科学の眼　そば麺線の秘密を探る」（三頁）
一八号（一九八八・八・三〇）「科学の眼　延しの秘密を探る」（三頁）
二四号（一九九四・一〇・一五）「科学の眼　水まわしの秘密を探る」（二頁）

合計十一頁になる江戸流の手打ちそば分析は、自ら職人としてそばを打たれた先生にして初めて書くことの出来た「科学の眼」を通した文章である。ずいぶん前に島根県松江市のそば屋さんがこの論文を理解しておられて、コピーを私がもらっていたので、目にすることの少ない貴重な資料と思い、今回要点を私なりにまとめた。素人の私が書くのはおこがましいが、そば打ちをなさる方の道しるべになることを願う。足らざるは柴田書店さんから原文を取り寄せられるようお願いしたい。

さて、高瀬先生が執筆された順番ではなく、①「そば麺線の秘密を探る」②「水まわしの秘密を探る」③「延しの秘密を探る」④「土たんぽの秘密を探る」の順で概略を記す。

①「そば麺線の秘密を探る」

そば打ちというのは実に難しく奥の深い仕事である。同じ人が同じ条件、同じ方法で二回そばを打っても、二回とも同じそばが出来るとは限らない。ちょっとした打ち手の気持ちの変化が、打ちあがったそばに正直に現れてくる。

私（高瀬先生のこと。以下同様）は以前から打たれたそばのこの微妙な違いが、いったいどこから来るのかと不思議に思っていた。その解明の一つの方法として、そばを打った後で、そばの一本の麺線を縦に切断して、その断面を拡大鏡で覗くことを続けてきた。その結果、いろいろなことが分かってきたので、その一部を書いてみる。

そばの麺線に入る前に、うどんの麺線の話からする。小麦粉を塩水でよく捏ねて塊にしたものを、流水の中で時間をかけてもみほぐすと、白い水が流れ去り後にチューインガム状の粘性物体が残る。これがグルテンである。うどんの麺線は、その内部でこの強力粘性のグルテンがちょうどへちまの繊維のように細かい立体の網目を作り、その網目の中に小麦のデンプンやたんぱく質を一杯にため込んでいる。うどんが切れにくいのも、また延しにくいのも、このグルテンの網目繊維のためである。

生粉打ち（そば粉百パーセントを冷水で打つ）のそばの麺線構造を見てみる。

生粉打ちの麺線の断面を顕微鏡で見ると、水溶性たんぱく質とデンプンとは水に溶けて糊状態になっているが、この糊状態がその付着力で、膨潤した不溶性たんぱく質の多数の粒子をお互い同士くっつけ合っている。これは、例えて言えばちょうど「雷おこし」の構造である。おこしは、多数の米粒を飴の付着力で付着させて出来上がっている。

つまり、うどんの麺線はグルテンの粘性でつながり、一方、生粉打ちそばの麺線は糊状化した水溶性たんぱく質の付着力でつながっている。粘性とは、同じ物体（グルテン）同士が手を結びあって離れない性質を言い、付着力とは、異なった物体（膨潤粒子）同士がくっつき合う性質を言う。

生粉打ち麺線の内部構造からわかることを列挙する。

1．生粉打ちそばは、糊状化した水溶性たんぱく質の弱いわずかな付着力でつながっているため、加水量は少なすぎるのはもちろん駄目だが、また必要以上に多すぎてもいけない。

2．適量の水をそば粉の中に均一にまんべんなく与えることは絶対に必要である。そば粉の水溶性たんぱく質の水の吸収の速度は非常に速い。したがって、どうしても加水にむらが出る。この加水のむらをだましだまし均一にする方法として、江戸の職人が昔から行ってきた木鉢仕事の「水まわし」という方法は最良の方法である。これは、現代工学の最先端セラミックス技術でいうところの「撹拌造粒」と言って、細かい粉体に液体を均一に回す時に用いる特別な技法である。

江戸のそば職人に脱帽するものである。

3．丹念に十分に水回しがされたそばの塊は、木鉢の中であまり長時間練りつぶさなくても十分つながるものである。

4．雷おこしは、その内部に空気の隙間があるので、食べた時歯ざわりから生じる風味を感じるのだと思う。水回しの時、そばを掌で上から押さえつけるようにすると、中の空気が抜けて出てしまい、出来上がったそばはラーメンのようにベッタリとした平面的味覚の麺線になると思う。

小麦粉をつなぎにして打った場合

生粉打ちのそばの最大の欠点は、打ってから時間をおくとボロボロに崩れてしまうことである。これは、そば粉のたんぱく質やデンプンがいったん加水された水分を内部に保留する能力を持たないためである。一方、小麦粉のグルテンは、一度内部に取り入れた水分はなかなか放さない性質を持っている。したがって、小麦粉つなぎのそばは崩れにくい。

私は、小麦粉つなぎのそばが、必ずしも味覚的に生粉打ちそばに劣るとは思ってはいない。だから、問題は入れるつなぎの量であろう。大量の小麦粉が入ったそばのうどん臭い味覚は何としてもいただけない。そばをつなげる目的のためにだけ小麦粉を使うのならば、そばのつながりの悪い夏場であっても、水回しさえ十分に行えば、そんなに多くの量は必要とはしないはずである。ただ、この際絶対に必要なことは、加水前に粉の状態のままで、十分にそば粉と小麦粉を混合しておくことである。なぜなら、小麦粉のグルテンは加水後には前述のように、麺線の中で網目構造に形成される。小麦粉の量が少ない時はこの網目はかなり粗いものになっている。そして、この粗い目の中にはそば粉のたんぱく質やデンプンが均等に詰められている状態でなければならない。もし、加水前の両者の混合が不均等ならば、加水後このような状態にするのは不可能である。微粉末というのは両者が細ければ細かいほど混合しがたいものである。かなり時間をかけて撹拌したつもりでも拡大鏡で見ると、局所的には未混合なのがはっきりと分かる。

昔から職人言葉で「木鉢下」ということが言われてきた。そば打ちの前日に、そば粉と小麦粉とを混ぜ合わせて木鉢の下にある桶の中に入れておけという意味である。これは、非常に良い方法である。つまり、両者の湿度を同じにしておくと、当日もう一度篩にかけた時混合が十分に行き渡りやすいのである。

湯練り打ちの場合

私は、「そばがき」が大嫌いで、あの温かくムッとくるそばの香り、歯にまつわりつくネチネチした舌ざわり、同じ材料のそばでありながら、どうしてこうもそば切りと違うものかと不思議でならなかった。そこで、そばがきを顕微鏡で覗いて見て、この疑問は解決した。そばがきの内部は、水と熱とでそば粉全体が全部糊状に溶けているのである。これは、構造の上からも、もはやそば切りとは全く違う物体なのである。

そばの打ち方は、日本全体からみると、湯で捏ねる「湯練り打ち」の場合が多いかもしれない。またそして、地方でこれらのそばを食べるとなかなかうまいのである。私は、以前ずいぶん色々な湯練り打ちをしてみたが、どうもうまくいかなかった。そばが何かのびた感じになってしまうのである。湯練りの場合は、使用する水の性質が非常に大きく関係していることを知った（軟水系でなければ絶対だめ)。雷おこしの場合、米粒をくっつける飴の分量というのは、飴や米粒の味や量によって決まるものであろうと思う。湯練りそばの場合は、水練りの場合と比べて、かなり多量の糊状部分が入っていることは顕微鏡下でも明らかなことである。

②「水まわしの秘密を探る」

そば粉や打った麺体(そば粉百パーセントを水でつなぐ方法)を倍率四十倍のルーペで覗いて観察し、わかってきたことを書いてみる。

ルーペでそば粉を覗いて見ると、そばの粒子はメッシュが大小色々混ざっているのが見える。これらは、成分的にはプリンやアルブミンなどの色々なたんぱく質とデンプン類であるが、これらに常温の水を加えると、すぐにどろどろに溶けて糊状に変化するものと、常温では溶けてしまわずにただ水分を含んで粒子が膨張する(これを膨潤という)ものとに二分される。生粉打ちそばの麺線は、この膨潤した粒子を糊状化したたんぱく質のわずかな粘性でつなぎとめているという状態なのが、ルーペで見るとよくわかる。そして、この中には空気の微泡が無数に混じっている。この空気の微泡が食べた時に口中に広がるそばの香りと密接に関係してくると私は思っている。したがって、そばを木鉢で揉む時、また、麺棒を麺体に当てる時も、あまり強く押し過ぎてこの気泡を外に出してしまうのは考えものだと思う。

そばの生粉打ちにとって、一番重要なことは、粉と水とを微視的な状態で均一に合わせることである。そのためには、木鉢内での「水まわし」作業を出来るだけ時間をかけて丁寧にすることである。現代科学で言うところの「撹拌造粒」であり、江戸以来職人の間に用い伝えられた生粉打ちそばの技法である。最初に水をそば粉に均一に回さなかったならば、後になっていくら力任せにぎゅうぎゅう揉んでも、もともとそば粉にグルテンは入っていないのだから意味がない。

水まわしの時には冷水を使うと作業が比較的好結果に上がることは一般にもよく知られていると思う。コンクリートの工法でも、水温の低い水をコンクリートに混ぜるとコンクリートと水が均一によく混ざり、結果的に堅くよくしまった強度の高い製品が出来上がると言われる。そばの水まわしも全く同じことが言える。

乾いたそば粒子の中に小さな水滴が加わると、その水滴に直接触れたそば粒子は直ちに水を吸って膨潤したり糊状化したり変化する。すると、その周囲の直接水滴に触れなかったそば粒子たちは、水分を十分に吸った粒子に群がり集まって水分の分け前を奪おうとする。つまり、水分を吸った粒を中心にして、水分をまだ吸っていない粒の小さな集団がいたる所に出来上がるのである。この状態の時の木鉢の中の粉は、何か水分の少ないパサパサした感触になっているはずである。

そして、この状態の時の木鉢を十本の指で「撹拌」しているうちに、この小さな集団中の外側の粒子たちが、内側の加水量十分の粒子から水分を奪って、全体として均一加水量の集団となる。この状態の木鉢は、何か粉の中からじわっと水分が湧いてきたような感じになるはずである。そして、さらに撹拌を続けることにより、湿った集団同士がくっつき合って次第次第に大きな集団になり、最後に木鉢は一塊のそば玉にまとまる、というのが江戸流生粉打ちそばのシナリオである。こうすることによって、微視的な範囲から全体までの領域にわたって、水の加水が均一に行き渡り、麺体のおこし構造が形成されるのである。この際、最も大事なのは、始めの小さい集団を出来るだけ小さく作ること、また、出来るだけ加水量を均一に作ることである。その目的のための一つの方法として、全体の温度を下げておくことにより、そば粒の水の吸水性の良さを抑えることが出来ると思う。

③「延しの秘密を探る」

麺棒で生地を延す時、その麺棒の扱い方が生地の内部構造にどんな影響を与えるかということを調べてみた。顕微鏡で麺線を覗くと、膨潤した多数の粒子が糊状化した水溶性部分の粘着力によって、お互い同士付着し合ってつながっているのが良くわかる。これは、いわば「雷おこし」の構造である。だが、生粉打ちそばの生地の内部構造が雷おこし構造であると言っても、おこしとはだいぶ違う点もある。おこしは、その内部のどの部分をとってみても、おそらく密度や堅さは同じであろうし、また内部応力も方向性を持っていないだろう（応力とは、物体の内部で働き蓄積される力のことである）。つまり、おこしは均一であり等質である。しかし、そばの生地は麺棒で延されて出来上がっている。麺棒で圧力を加えられた生地は、外見は等質に見えても、その内部は密度や歪みの点で決して均一ではありえない。この生地の内部的不均一性というか、応力の偏向性というものは、そばを食べる我々の敏感な味覚にとって重大な問題である。

実験として、そばを延す時、濃いめにいれたコーヒーをスポイトで生地の上に少しずつ垂らすか、あるいは、極細挽きのコーヒー粉を少し生地の一部に加えてみた。そして、麺棒を色々な方向から、色々な角度から当てて延してみた。その結果、生地に現れたことを記す。

1．麺棒の当たる表面と、打ち台に接する裏面とには、麺棒に平行にコーヒー色の縞模様が現れる。

2．麺棒を前方に向かって延す時に現れた縞模様は、続いて麺棒を後方に延す（すなわちもどし延し）ことで、生地に比較的固定させることが出来る。

3．これらの平行な縞模様は、続いて麺棒の方向を変えて延すと、すぐぐちゃぐちゃになって消える。

4．生地を切断した切断面（すなわち生地の側面）の縞模様は、生地の厚さや麺棒に加える力の強さや角度により色々なパターンが出来、複雑ではあるが、大まかに言えば斜めの縞模様のパターンに落ち着くようである。

麺棒でおこし構造の生地を延すということは、生地内部では色々な力関係が作用しあって、ある部分は押され、ある部分は引っ張られ、それが「ずれ」や「歪み」を生み、密度の違いを生じ、と様々に複雑にその生地内部に応力が蓄積されているのであろう。生地にコーヒーの縞目が現れるというのは、その縞目にそって同じ種類のまた同じ方向の応力が作用しているのだと考えられる。ある一方方向に作用する生地の応力がどんなものかということは、例えば、生地を延しているとき、たまに、生地に空気混入のため生地の中ほどに穴があくことがあるが、その穴の周囲が次第に薄くなり、何か膜のようになり、しまいに横にスーと裂けていくのを観察することにより、実際にも理解できる。

包丁で切る前のそばのたたみ方は、江戸流では必ず生地を巻きとった麺棒を縦に回してから（九十度回転）たたむようである。したがって、庖丁は麺棒の延しの方向と直角に交差するように入る。つまり、出来上がった一本一本の麺線には、コーヒーの縞模様が縦に入っていることになる。打った生地を二分して、一方は普通に（コーヒー縞目と平行に）切り、一方はコーヒー縞目とは直交するように切ってみた。そして、同じ条件で茹で同じつゆをつけて食べてみた。どちらが良いかは一度や二度の実験からは結論づけられないが、両者にかなり口ざわりの違いがあったことは確かである。これらのことから、私は、少なくとも江戸流の手打ちそばには、ちょうど、材木に木目が入っているように、麺棒による延し目がその麺線内部に存在すると信ずるようになった。昔の職人さんの話では、そば打ちは、角出しをしていったん延し幅を決めたら、後は両側の耳が一直線に揃うように延さなければいけないと聞いたことがある。これは、単に、形の上のことだけではなく、案外、生地の延し目という点でも重要な意味のあることであると思う。

そばの風味、つまり、味・香り・こし等は、その大部分が木鉢仕事で決まってしまうというのは本当であろう。しかし、麺棒の使い方によってもそばのこしは相当影響を受けるようである。麺棒を生地の真上から打ち台に向かって、ぐっと押さえつけるように押し込み、小刻みに前進させる。こうすることにより、生地内部の膨潤した粒子の体積が少し縮み、糊状体との付着が密接になるし、また、余分な量の空気も抜け出てくれる。そばのこしの弾力性は、このような生地構造と関係があると思われる。

ところで、職人言葉に「おさすりそば」というのがある。麺棒をただ前方に転がして生地を延し広げているだけの麺棒の使い方を言ったものであろう。

したがって、そばの延しは、このこしを作るための押え込みの麺棒使いと、延し広げるためのおさすりの麺棒使いとを適時選択して使わねばならないだろう。特に、生粉打ちそばの場合は、この押え込みの麺棒使いが大事である。この目的の為に、直径の少し太い延し棒をお勧めする。直径が太いと、棒の生地への当たりが上から入るからである。

以上、あくまでも、麺棒を三本使用して生地を四角形に延す江戸流の手打ちそばの場合について考察したものである。

④「土たんぽの秘密を探る」

かえしとだし汁とを合わせてそばつゆを取った後、これをたんぽに入れて一、二時間湯煎にかけて「つめる」という「前銅壺」の仕事について考えてみたい。同じつゆでも、つめたつゆとつめないつゆとの間には、大きな違いがあることは事実である。つめないつゆは、力強い野性味のあるつゆとも考えられ、一方つめたつゆは、丸みのあるコクのあるつゆという感じであるが、おとなしすぎて物足りないということも言えるだろう。

私は以前から、この前銅壺の湯煎したそばつゆに興味を持っていた。わずか一時間前後の湯煎の間に、たんぽの中で何が起こってこうもつゆの味が変わるのだろうかと不思議に思っていたのである。確かに、土たんぽを用いると外側の湯と中のつゆとの温度差は十度~二十度はあるし、また湯煎の前後でのボーメ計（比重計）の数値には一～二の差が見られるのが普通のようである。一般に言われている湯煎の効果は、①熱の伝導が緩やかであるので、つゆの酸化等の変化が少ない、②内容液が蒸発するので、つゆの濃度が濃くなる、の二点であり、「つめる」という職人言葉もここから起っているのであろう。

私は、湯煎の前後における味の差は、物理的原因の他に、化学的原因というか、つゆの内容的変化が大きな要因になっているのではないかと以前から思っていたのである。職人の間で昔から言い伝えられていたことを三点挙げてみる。

1．素焼きを素材とする、土たんぽでなければだめ（金属でできている金たんぽは、かけ汁を温めるためにしか使用しないこと）。

2．中に入れるつゆは、冷えたものを入れること。

3．使用後は、内と外をよく束子で洗って、よく乾かしておくこと。

これらを考えてみると、どうやら問題は、素焼きの土たんぽの特殊性ということに落ち着きそうである。

いったい、そばつゆの内部は、化学的にどういう状態になっているのであろうか。一般に、有機化合物の混合水溶液の内部というのは非常に複雑で、例えば、ある分子は＋（プラス）または－（マイナス）の電気を帯びてイオン化し、またある分子は分子のままで存在するが、その中のあるものは互いにくっつき合って巨大分子のコロイドを形成したり、そのコロイドがまた電気を帯びてイオンのように作用したり、とまあこれを単純にモデル化することは不可能に近い。さらに、これに温度の変化が加わると、また内部状態は変化する。イオン分子間の電気的引力や反発力に変化が生じたり、コロイドが新しく生成されたりなど、初めの状態とはまた違う別の状態が出現するのである。そばのつゆなどと一口に言っても、その化学的構成状態となるとややこしい。まず、塩分がイオン化したNa^+とCl^-から始まり、醤油や昆布のグルタミン酸、かつお節のイノシン酸、砂糖の炭水化物類等々、たんぱく質アミノ酸系の有機物、ミネラル系の無機物、その他入り混じって百花繚乱。この中に入っている微細物質までの完全な定性・定量分析など、まずは不可能に近い。ところが、困ったことに、この中に入っている微細物質の変化が実は、我々の味覚判断に重大な要素なのである。

さて、金たんぽで湯煎したそばつゆの味は、湯煎前と比べてあまり変化はないように感じる。つゆの色は、空気中で酸化されるせいか多少色が濃くなって、透明感が減ずるように感じるし、また、つゆの濃度も濃くなってはいるが、本質的には味に変化はないように思う。したがって、土たんぽでは起って、金たんぽでは起らないという事柄を考えなければならない。濃度の異なる二種の液体を接して置くと、特別に掻き混ぜたりしなくとも、時間が経てば自然に二つの液体は混ざり合って、同じ濃度の一つの液体になる。これが拡散現象である。液体中の分子の運動（ブラウン運動）が原因で起こるのであるから、当然、温度が高ければ分子運動も速くなり、したがって、その拡散も活発に行われる。この現象は、二液の間に透過性の膜のような物質があっても、その膜を通して行われる。ただし、その膜の微細な目を通過しえない大きな直径を持った粒子は膜の一方に留まり、通過しうる小さな直径を持つ粒子だけが他方の液に拡散していくのである。

ところで、一般に、溶液中には「コロイド」と呼ばれる物質が存在する場合がある。これは、普通の分子の直径の一〇～一〇〇〇倍もの直径を持つ巨大粒子のことを言う。そばつゆの中には、たんぱく質を作るアミノ酸などの高分子化合物（分子量の大きな分子）が多量に入っている。これらは、温度を高めることにより、お互い同士が集まって簡単に巨大粒子のコロイドになる。湯煎したつゆが、透明感をなくして黒ずんでくる一つの原因はこれである。

素焼きの壺というのは、小さな土粒の集合体であるから、全体としては多孔質である。したがって、その壺によって隔離された二つの液体は、完全に隔離されているわけではない。液体としては、内部と外部とでつながりを保っているのである。土たんぽに入れられ、熱を加えられたそばつゆ内部では、しきりに巨大分子のコロイドが生成されている。コロイド化した巨大粒子は、おそらく我々の味覚にとって、心地よいものではないはずである。つゆは、素焼きの壺の壁の小さな穴を通して、外部の湯の中に「拡散」しようとする。しかし、コロイドの巨大粒子は素焼きの壺の壁の小さな穴は通れない。そのため、コロイド粒子は次々と素焼き壺の内面に付着する。したがって、初めからつゆの中に入っていたバランスの悪い物質や、人間の味覚にとって過度のアミノ酸類などがコロイド化してつゆから取り除かれる。これは、ちょうど、コーヒーを沸かしその糟を濾紙で漉し取るようなものである。

このように筋道を立てて考えてみると、たんぽ仕事について昔から職人さんの間で言い伝えられてきたことは、一つ一つもっともなことと理解できる。先ほど挙げた言い伝えの二点目の、冷えたつゆを入れるのは、壺の壁に近い部分から温まり、その部分の液体はコロイド化し壁に付着する、それが順々に中心部分に及ぶことを言っている。三点目は、土たんぽの使用後の洗いと乾燥が絶対必要であることを言っているのである。

コロイドの付着と言っても、これは、顕微鏡的な量の問題であるから、目で見て見えると言える程の量ではないだろう。ただし、土たんぽを使用した人によっては、使用後の壺の内部に多少のぬめりを感じるという話も聞いている。土たんぽの製作について次の点を考慮する必要があると思う。

1. 素焼き壺はなるべく目の粗い土を用い、出来るだけ薄手に焼く。

2. 釉薬は出来るだけ薄くかける。出来たら内部にだけかける。

以上、たんぽ仕事について私の考えを述べた。さらに、時間を見つけてもっとこの考えを定性的・定量的に実験しデータを出してみたい。

【付記】この論文「土たんぽの秘密を探る」は先生が存命中の一九八六年七月に発表されたもので、今から三十年前のことになる。現在は、そば汁の調理法は高瀬先生の方法とは違うかもしれないが、先生の物の本質を見極めようとする、「科学の眼」を通した考え方を参考にしていただけたらと思い、素人の私が要約した。先生は、この「土たんぽの秘密を探る」を執筆するにあたって、次の方々から専門的な知識を受けたと書いておられるので、お名前を挙げさせていただく（肩書は原文のまま、執筆時のもの）。

早稲田大学名誉教授（化学）　関根吉郎氏（一九一五–一九九四）

早稲田大学教授（物理）　坂本信太郎氏（一九二三–二〇〇八）

並木藪蕎麦主人　堀田平七郎氏（一九一七―一九九二）
神田まつや主人　小高登志氏（一九三二―　　）

川上正夫（かわかみまさお）
一九四八年、出雲市荒茅町生まれ。島根県立出雲高等学校卒業。京都北山・鹿苑寺（通称金閣寺）退寺、還俗。一九九〇年、有限会社ワン・ライン設立、二〇一六年、解散。著書『いきいきサロン「きよたき」物語』。

出雲はなぜ「割子そば」か？ その謎に迫る

二〇一七年八月一〇日　初版第一刷発行

著　者　川上正夫
発行者　川上正夫
発行所　ワン・ライン
〒六九三−〇〇四四
島根県出雲市荒茅町一二〇六−一四
ＴＥＬ（〇八五三）二五−八六八五
ＦＡＸ（〇八五三）二五−八八三七
E-mail: oneline@orange.ocn.ne.jp
振替　〇一四六〇−〇−一二八二三
印　刷　(株) シナノパブリッシングプレス
製　本　(株) シナノパブリッシングプレス

ISBN 978-4-948756-71-7　C0077